essentials

Essentials liefern aktuelles Wissen in konzentrierter Form. Die Essenz dessen, worauf es als „State-of-the-Art" in der gegenwärtigen Fachdiskussion oder in der Praxis ankommt. Essentials informieren schnell, unkompliziert und verständlich

- als Einführung in ein aktuelles Thema aus Ihrem Fachgebiet
- als Einstieg in ein für Sie noch unbekanntes Themenfeld
- als Einblick, um zum Thema mitreden zu können.

Die Bücher in elektronischer und gedruckter Form bringen das Expertenwissen von Springer-Fachautoren kompakt zur Darstellung. Sie sind besonders für die Nutzung als eBook auf Tablet-PCs, eBook-Readern und Smartphones geeignet.

Essentials: Wissensbausteine aus Wirtschaft und Gesellschaft, Medizin, Psychologie und Gesundheitsberufen, Technik und Naturwissenschaften. Von renommierten Autoren der Verlagsmarken Springer Gabler, Springer VS, Springer Medizin, Springer Spektrum, Springer Vieweg und Springer Psychologie.

Ronald Schnetzer

Achtsame Selbsterkenntnis

Work-Life-Balance
kompakt und verständlich

Ronald Schnetzer
Zürich
Schweiz

ISSN 2197-6708 ISSN 2197-6716 (electronic)
ISBN 978-3-658-06242-2 ISBN 978-3-658-06243-9 (eBook)
DOI 10.1007/978-3-658-06243-9

Die Deutsche Nationalbibliothek verzeichnet diese Publikation in der Deutschen Nationalbibliografie; detaillierte bibliografische Daten sind im Internet über http://dnb.d-nb.de abrufbar.

Springer Gabler
© Springer Fachmedien Wiesbaden 2014
Das Werk einschließlich aller seiner Teile ist urheberrechtlich geschützt. Jede Verwertung, die nicht ausdrücklich vom Urheberrechtsgesetz zugelassen ist, bedarf der vorherigen Zustimmung des Verlags. Das gilt insbesondere für Vervielfältigungen, Bearbeitungen, Übersetzungen, Mikroverfilmungen und die Einspeicherung und Verarbeitung in elektronischen Systemen.

Die Wiedergabe von Gebrauchsnamen, Handelsnamen, Warenbezeichnungen usw. in diesem Werk berechtigt auch ohne besondere Kennzeichnung nicht zu der Annahme, dass solche Namen im Sinne der Warenzeichen- und Markenschutz-Gesetzgebung als frei zu betrachten wären und daher von jedermann benutzt werden dürften.

Gedruckt auf säurefreiem und chlorfrei gebleichtem Papier

Springer Gabler ist eine Marke von Springer DE. Springer DE ist Teil der Fachverlagsgruppe Springer Science+Business Media
www.springer-gabler.de

Was Sie in diesem Essential finden können

- Eine fundierte Übersicht, was Achtsame Selbsterkenntnis ist.
- Wahre eindrückliche Erlebnisberichte.
- Zahlreiche Abbildungen in einem kompakten und verständlichen Text.
- Die verschiedenen Dimensionen von Work-Life-Balance.
- Eine innovative Zusammenführung von Achtsamkeit, Work-Life-Balance, Burnout-Prävention und Selbsterkenntnis.

Vorwort

Wie kann ich in Kürze vermitteln, was ich in den letzten 20 Jahren auf meinem Weg der Selbsterkenntnis in meinem Leben, meinen Beziehungen und in der Geschäftswelt erlebt und erfahren habe; es in Erkenntnisse und Worte fassen?
Thich Nhat Hanh deutet darauf hin, dass wirklich der Weg das Ziel ist: „Es gibt keinen Weg zum Glück, Glück ist der Weg."
Der Musiker Ray Charles nimmt den Tod als Ratgeber: „Lebe jeden Tag so, als wäre er dein letzter. Irgendeiner wird es dann sein."
Und auch die letzten Worte des Buddhas haben mich beeindruckt: „Samasati – wach auf und erkenne wer du bist?"
Dieses Buch nimmt Sie mit auf eine spannende Reise durch Dimensionen, Schichten und Schritte. Es ist mir ein Herzensanliegen, mein Wissen und meine Erkenntnisse möglichst vielen Menschen zur Verfügung zu stellen. Die Erfahrungsberichte entsprechen wirklich Erlebtem.
Neben den hindernden Faktoren (Belastungsfaktoren) sind auch die persönlichen Ressourcen (Kraftquellen resp. Förderungsfaktoren) anzuschauen. Interessanterweise wird dieses Thema von vielen Menschen noch sehr wenig bewusst reflektiert. Es geht nicht nur darum, herauszufinden, wo ich Kraft und Energie verliere, sondern auch woher ich meine Kraft beziehe.
Zu diesem Buch existiert auch ein Hörbuch, welches autobiographisch angelehnt die spannende Reise der Selbsterkenntnis erzählt. Zur Umsetzung in Unternehmungen gibt es zudem ein Hörbuch und ein umfassendes Buch mit Methoden und Techniken zu Achtsamem Prozessmanagement sowie besonders für Führungskräfte das kompaktere Hörbuch und Buch zu Achtsamer Unternehmensführung.
Einige Inhalte dieser Veröffentlichung finden sich auch in dem Essential „Achtsame Unternehmensführung" wieder. Diese Überschneidungen sind unvermeidbar, da es sich um elementare Grundlagen handelt, welche zum Verständnis des jeweiligen Essentials notwendig sind.

Ich wünsche Ihnen auf der Reise zur Entdeckung von Achtsamer Selbsterkenntnis faszinierende Einsichten und wirksame Impulse. Viel Vergnügen.

Last, but not least möchte ich das Engagement aller beteiligten Personen, meiner Lehrer und Lehrerinnen, meiner Studenten und Studentinnen sowie Geschäftspartner und Freunde erwähnen. Meine Partnerin Susanne Engelkamp hat mich dabei liebevoll begleitet. Ohne sie alle wäre das Buch nicht in dieser Form erschienen. Vielen Dank.

Anders als bisher; wenn nicht jetzt – wann dann? Wenn nicht wir – wer denn?

Zürich Ronald Schnetzer
im Juni 2014

Inhaltsverzeichnis

1 **Einleitung und Motivation** 1

2 **Begriffe** 3
   2.1 Achtsamkeit & Selbsterkenntnis 3
   2.2 Work-Life-Balance 5
   2.3 Achtsame Unternehmensführung & Achtsames
       Prozessmanagement (Beruf & Business) 7
   2.4 Fakten 10

3 **Lebensvision** 13
   3.1 Sinn 13
   3.2 Das Vier-Schichten-Persönlichkeitsmodell 15
   3.3 Konditionierungen & Tabus 17
   3.4 Herzkrieger 20

4 **Gesundheit** 23
   4.1 Körper, Geist und Seele 23
   4.2 Ernährung und Fasten 25
   4.3 Burnout-Prävention 28
   4.4 Glücksfähigkeit und Stolpersteine 30

5 **Soziales Umfeld** 33
   5.1 Beziehung – Partnerschaft – Gemeinschaft 33
   5.2 Schule & Lernen 36
   5.3 Emotionen & Gefühle 38

6 Fazit und Epilog	41
Was Sie aus diesem Essential mitnehmen können	45
Literatur	47

Einleitung und Motivation 1

Immer mehr Menschen verbringen die besten Jahre ihres Lebens mit einem Job, den sie nicht mögen, um immer mehr Dinge zu kaufen, die sie nicht brauchen, um einen Lebensstil zu führen, den sie nicht genießen.

Seit Jahrzehnten werden die Menschen bei uns nicht glücklicher. Im Gegenteil, es gab noch nie so viel Elend und Hunger auf der ganzen Welt. Auch die versteckte Armut, Ignoranz und Unachtsamkeit bei uns erschrecken mich. Mich selber erkennen? Meinen Anteil daran erkennen? Wie kann ich glücksfähig werden? Also bereit sein, Glück zu erkennen, empfinden und leben?

Selbsterkenntnis ist die Beobachtung des eigenen Verhaltens im Alltag sowie die Selbstreflexion, das Nachdenken über sich selbst und das kritische Hinterfragen des eigenen Denkens und Handelns. Achtsam handeln heißt, wirklich ehrlich und bewusst handeln.

Nelson Mandela kann ein Lied davon singen: „Die größte Tragödie der Menschheit ist, dass wir so lange leiden müssen, bis es endlich zu dem Kompromiss kommt, von dem alle wussten, dass er unausweichlich ist."

Warum tun wir uns so schwer damit? Was steht im Weg? Was kann getan werden?

Aufbau des Buches: Das Buch führt durch die Bereiche *Begriffe, Lebensvision, Gesundheit* und *soziales Umfeld*. Die fett gedruckten Themen entsprechen jeweils einem der Kapitel.

Achtsamkeit & Selbsterkenntnis (Kap. 2.1) führen privat zu **Work-Life-Balance** (2.2) und in Betrieben zu **Achtsamer Unternehmensführung** und als Umsetzung davon zu **Achtsamem Prozessmanagement** (2.3). Work-Life-Balance umfasst dabei die Lebensvision, die Gesundheit, das soziale Umfeld und den Leistungs- resp. Geschäftsbereich. Alle diese Dimensionen müssten in Balance sein. Die erschütternden **Fakten** (2.4) für Unternehmungen, die Menschen darin und die Welt insgesamt sprechen aber eine klare andere Sprache: So wie bis jetzt geht es nicht weiter.

Was kann dabei eine mögliche Lebensvision sein? **Der Weg des Herzkriegers** (3.4) verdeutlicht bildhaft und verständlich die Lebensweise, die hinter einer ehrlichen Selbsterkenntnis steckt. Ungesunde **Konditionierungen & Tabus** (3.3) begleiten uns dabei hartnäckig durch das **Vier-Schichten-Persönlichkeitsmodell** (3.2) bis wir deutlich den **Sinn** (3.1) des eigenen Lebens erkennen.

Gesundheit umfasst **Körper, Geist und Seele** (4.1). Wichtig dabei ist die **Ernährung** (4.2). Burnout verläuft meist entlang von 12 Phasen, weshalb **Burnout-Prävention** (4.3) wichtig ist. Es geht insgesamt darum, die eigene **Glücksfähigkeit** (4.4) wieder zu erreichen; die Fähigkeit, wirklich wahrzunehmen und zu akzeptieren. Erst damit kann Glück erfahren werden.

Das soziale Umfeld umfasst neben **Beziehung und Partnerschaft und Gemeinschaft** (5.1) und insbesondere auch die **Schule** (5.2). Es ist dabei wichtig zu lernen, **Emotionen und Gefühle** (5.3) auseinander zu halten.

Es ist an der Zeit, es anders als bisher zu machen und neue Wege zu gehen. Ich lade Sie dazu von Herzen ein. Das **A** in Achtsam ist übrigens absichtlich immer groß.

Achtsame Selbsterkenntnis: Durch die Fähigkeit zur Achtsamen Selbsterkenntnis lernen Menschen sich selbst besser kennen und können ihre Stärken und Schwächen sowie Entwicklungspotenziale realistischer einschätzen. Es geht darum, darin seine individuelle und stimmige Balance zu finden.

Begriffe 2

In diesem ersten Teil werden Selbsterkenntnis, Achtsamkeit eingeführt und auch in Bezug zu Work-Life-Balance gebracht. Auch wird der Bezug zur Geschäftswelt mit dem Achtsamen Prozessmanagement und der Achtsamen Unternehmensführung hergestellt. Spannende, aber auch erschütternde Fakten unterstreichen danach die Notwendigkeit von Selbsterkenntnis.

2.1 Achtsamkeit & Selbsterkenntnis

▶ **Selbsterkenntnis** (Englisch *Self-Knowledge* resp. *Slf-Awareness*) ist die Beobachtung des eigenen Verhaltens im Alltag sowie die Selbstreflexion, das Nachdenken über sich selbst und das kritische Hinterfragen des eigenen Denkens und Handelns.

▶ **Achtsamkeit** ist eine besondere Form der Aufmerksamkeit, die authentisch (nach innen), stimmig (nach außen) und bewusst ist. Achtsam handeln heißt, wirklich bewusst handeln. Achtsamkeit ist die Fähigkeit unseres Geistes, die Dinge so zu sehen, wie sie wirklich sind.

▶ **Achtsame Selbsterkenntnis** umfasst die ehrliche Selbstbeobachtung im Alltag, das echte Nachdenken sowie kritische Nachspüren des eigenen Denkens und Handelns und beinhaltet das aufrechte Streben nach Wahrheit und Wirklichkeit. Achtsame Selbsterkenntnis führt zu einer authentischen, stimmigen und schließlich wirklich durch und durch bewussten Handlung.

Abb. 2.1 Die 3 Phasen der Selbsterkenntnis

Selbsterkenntnis ist das Erkennen, wer ich bin, was mich motiviert und wie ich mich mit welchen Entscheidungen und Handlungen in der Welt bewege. Es geht bei der Selbsterkenntnis auch um das Erkennen der eigenen Konditionierungen (antrainierte Verhaltensweisen) und Ressourcen resp. Kraftquellen. Möglichkeiten der Selbsterkenntnis sind unter anderem die Introspektion (Selbstbeobachtung), das Beobachten des eigenen Verhaltens, das Beobachten anderer Menschen, das Gewinnen von Erkenntnis durch Rückmeldungen und Feedbacks, durch Selbstreflektion, durch körperorientierte Methoden und auch durch meditative Praktiken.

Der **Prozess der Selbsterkenntnis** umfasst drei Schritte (siehe Abb. 2.1):

1. Als erstes gilt es, **A**chtsamkeit zu erlangen für das, was in einem selbst, im eigenen Umfeld, in den Unternehmungen und auf der Welt geschieht. Dazu gehören auch das *Sich-Informieren* und das Erkennen von ungesunden Verhaltensweisen.
2. Danach folgt die **A**kzeptanz und das Verinnerlichen der Situation, auch des eigenen Verhaltens. Dies kann zu Empörung, Wut und Trauer sowie anderen starken Gefühlen führen, die ihren Platz haben wollen. Einsicht und Akzeptanz ist gefragt.
3. Nur dann kann eine authentische, reflektierte und stimmige **A**ktion, ein Engagement, ein Handeln, nach Innen oder Außen stattfinden.

Antoine de Saint-Exupéry sagt: „Wenn Du ein Schiff bauen willst, so trommle nicht Leute zusammen, um Holz zu beschaffen, Werkzeuge vorzubereiten, Aufgaben zu vergeben und die Arbeit einzuteilen, sondern wecke in ihnen die Sehnsucht nach dem endlosen, weiten Meer."

Abb. 2.2 Sehnsucht

Es geht frei nach Saint-Exupéry bei der Selbsterkenntnis darum, die Sehnsucht nach sich selbst und einer *besseren* Welt zu wecken. Die dann notwendigen Techniken und Methoden sind bereits vorhanden (siehe Abb. 2.2).

Selbsterkenntnis führt privat zu Work-Life-Balance, Glücksfähigkeit und Engagement, sowie in Unternehmungen zu einem Achtsamen Prozessmanagement resp. Achtsamer Unternehmensführung. Damit wird auch Burnout an der Wurzel angepackt.

Der Begriff **Achtsamkeit** (Englisch *Mindfullness*) breitet sich in Forschung zur Entspannung und Stressreduktion sowie in der Wirtschaft erfreulicherweise immer mehr aus. Kabat-Zinn arbeitet mit seinem MBSR-Programm (*Mindfulness-Based Stress Reduction*) seit Jahrzehnten erfolgreich: „Es ist nur angemessen und wiederum im Sinne der vollen Offenheit, gleich zu Beginn zu sagen, dass die Kultivierung von Achtsamkeit wohl die schwerste Aufgabe der Welt sein kann." Ich schließe mich dieser These voll und ganz an. Zudem möchte ich betonen, dass dies wohl der einzige sinnvolle Weg ist.

Warum nun Achtsame Selbsterkenntnis?
1. Seinen **Lebenszweck** erkennen und erfüllen.
2. Sein Leben in allen Dimensionen zum **Blühen** bringen.
3. Mit seinem Zweck und Blühen aus Dankbarkeit etwas in die Welt **zurückgeben**.

2.2 Work-Life-Balance

▶ **Work-Life-Balance** bedeutet Ausgewogenheit zwischen Berufs- und Privatleben unter bewusstem Einbeziehen von Gesundheit und Lebensvision. Die eigene Essenz wird durch Work-Life-Balance allmählich wieder entdeckt und das individuelle Potenzial kann sich entfalten. Die vier Dimensionen der Work-Life-Balance sind Lebensvision, soziales Umfeld, Körper & Gesundheit sowie Beruf & Business.

Abb. 2.3 Work-Life-Balance; Schmetterling mit 4 Dimensionen

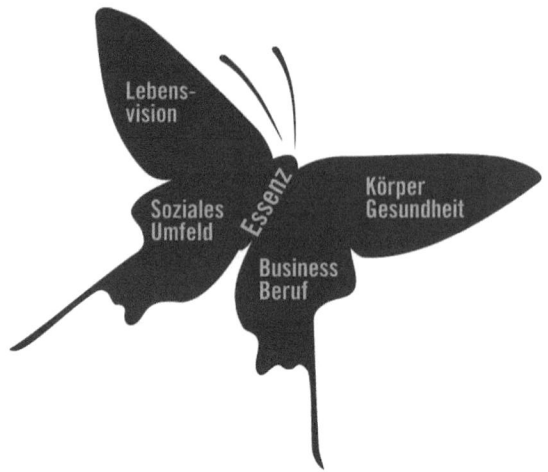

▶ **World-Life-Balance** (Welt-Lebens-Balance) bedeutet Ausgewogenheit zwischen Natur (Ökologie), Menschen (Sozialem), Wirtschaft (Business) und Sinn (Spiritualität) auf der Basis von Selbsterkenntnis, Achtsamkeit und Work-Life-Balance.

Work-Life-Balance kann in vier Dimensionen gesehen werden, die helfen, alle Situationen und Informationen für sich persönlich, für eine Unternehmung oder die Gesamtsituation der Welt zu ordnen (siehe Abb. 2.3).

Das Bild eines Schmetterlings mit seinen vier Flügeln eignet sich sehr gut als Darstellung der vier Dimensionen. Nur wenn alle vier Flügel im Gleichgewicht, also balanciert sind, kann der Schmetterling fliegen. In der Mitte hält der Körper, die persönliche Essenz jedes Menschen, seine Lebensbereiche zusammen und steuert die Balance.

Teilweise werden, um die Vielfalt der Lebensbereiche zu betonen, die Begriffe *Balance*, *Life Domain Balance* oder *Life-Leadership* wie es im Amerikanischen genannt wird, oder, um die Familiendimension deutlich einzubeziehen, *Work-Family-Balance* verwendet. Im weiteren spreche ich von **Work-Life-Balance**, da sich dieser Begriff eingebürgert hat und die meisten sich darunter bereits etwas vorstellen können.

Besonders im Geschäftsumfeld wird leider Work-Life-Balance nach wie vor oft reduziert gesehen: Flexible Arbeitszeiten, Teilzeitarbeit, familienbezogener Urlaub, Heimarbeit, Kinderbetreuung, Massageangebot, wöchentlicher Früchtekorb im Büro, Betriebsklimadiskussionen. Damit wird das Thema vorwiegend auf Wellness und Gesundheit im körperlichen Sinn reduziert und die angesprochenen

Maßnahmen nützen oft kurzfristig gesehen am meisten den Unternehmen selbst und nicht den Mitarbeitenden. Personal- resp. noch besser Persönlichkeitsentwicklung sowie Selbsterkenntnis und schließlich auch Achtsame Unternehmensführung mit Achtsamem Prozessmanagement werden dabei sträflich vernachlässigt. Die unschönen Folgen im Ansteigen der Burnout-Zahlen und Depressionen, im sinkenden Engagement und steigender Unzufriedenheit sowie massiv gescheiterten Projekten sind deutliche Indikatoren dafür, das da was nicht stimmt.

Wird die Balance auf die ganze Welt angewendet, kann von **World-Life-Balance** (Welt-Lebens-Balance) gesprochen werden. Die vier Dimensionen sind dann Wirtschaft, Menschen, Natur und Sinn. Echte Work-Life-Balance und Achtsame Unternehmensführung führen zu World-Life-Balance.

Erfahrungsbericht: Die Erde dreht sich

Überall Stille. Nur ein laues Lüftchen. Die Sonne scheint angenehm warm. Der Rasen ist leuchtend grün. Ich steh auf einer Kombination von Golf- und Mini-Golf-Platz. In etwa 20 m Entfernung sehe ich das nächste Loch. Was nun folgt, ist für mich ein zentrales Schlüsselerlebnis. Ich spür den Wind, die Sonne und eine totale Verbundenheit. Ruhe breitet sich in mir aus. Und dann der Impuls; entschlossen und absolut überzeugt sage ich zu meiner Partnerin: „Jetzt mache ich ein Hole-in-one!" Das bedeutet, der Golfball wird direkt ins Loch rollen. Ich sage das nicht nur, ich fühle es im ganzen Körper, dass es wahr ist. Ich setze den Ball, mache den Schlag. Und da? Es ist wie wenn sich die Erdkugel einmal links und einmal rechts dreht. Der Ball rollt direkt ins Loch! Ich nehme es erst gelassen zur Kenntnis. Dann erschrecke ich und bin total verblüfft. Da erst realisiere ich, was ich gerade erlebt habe. Zwischen Himmel und Erde gibt es viel mehr als uns die Schulweisheit lehrt. Von da an lässt mich das Streben nach Wahrheit und Wirklichkeit nicht mehr los. Selbsterkenntnis begleitet mich von da an beharrlich.

2.3 Achtsame Unternehmensführung & Achtsames Prozessmanagement (Beruf & Business)

▶ **Achtsames Prozessmanagement** umfasst bewusst gestaltete Leistungen und Arbeitsprozesse sowie die Prozessführung und Prozesskultur, die Achtsam von der Strategie abgeleitet werden unter Berücksichtigung der Work-Life-Balance der Mitarbeitenden, welche auf Selbsterkenntnis basiert (siehe Abb. 2.4).

▶ **Achtsame Unternehmensführung** resp. **Achtsames Unternehmensmanagement** umfasst auf der Basis von Selbsterkenntnis, Achtsamkeit und Work-Life-Ba-

Abb. 2.4 Durch Achtsames Prozessmanagement zu Achtsamer Unternehmensführung

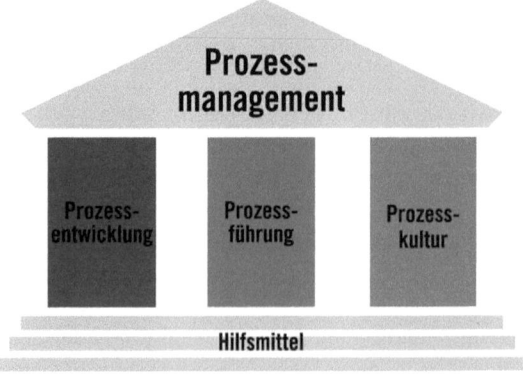

lance (Life-Domain-Balance) alle Aktivitäten (Strategie, Strukturen und Kulturen) und damit alle Prozesse in einem Unternehmen. Dazu gehören insbesondere die Strategie- und Führungsprozesse, die Persönlichkeitsentwicklung und das Prozessmanagement. Die Umsetzung erfolgt durch Achtsames Prozessmanagement, welches die Prozessentwicklung, Prozessführung und Prozesskultur beinhaltet.

Alle Aktivitäten in einem Betrieb sind Teil eines Prozesses. Die Prozessentwicklung ist der einzige Zeitpunkt, in der bewusst Veränderungen innerhalb einer Firma stattfinden und Selbsterkenntnis ist das einzige effektive Mittel. Es gibt bereits Unternehmen der Hoffnung, dort herrscht Spaß an der Arbeit, ja sogar die Idee der Selbstorganisation mit einem Management ohne Chefs ist Realität. Achtsame Unternehmensführung wird, gemäß Abb. 2.5 durch Achtsames Prozessmanagement in 10 Schritten umgesetzt.

Die 10 Schritte zu Achtsamer Unternehmensführung	
1. Selbsterkenntnis und Achtsamkeit einführen	Warum mache ich das?
2. Strategieverbindung schaffen	Wohin gehen wir als Unternehmung?
3. Leistungen definieren	Was für Leistungen bieten wir an?
4. Prozesse modellieren	Wie werden die Leistungen erbracht?
5. Institutionen und Rollen nominieren	Wer führt die Prozesse aus?
6. Instrumente und Kennzahlen bereitstellen	Womit messen wir?
7. Implementierung durchführen	Wie setzen wir das um?
8. Veränderungsmanagement machen	Warum verändern wir etwas?
9. Kommunikation sicherstellen	Weshalb mobilisieren wir?
10. Work-Life-Balance anstreben	Wohin gehe ich als Person?

Abb. 2.5 Die 10 Schritte zu Achtsamer Unternehmensführung

Was ist der **Nutzen einer Achtsamen Unternehmensführung**? Der Nutzen von Achtsamer Unternehmensführung mittels Umsetzung eines Achtsamem Prozessmanagement lässt sich wie folgt zusammenfassen: Aus der Strategie abgeleitete, umgesetzte Prozesse (Prozessentwicklung), faire und stimmige Führung (Prozessführung) sowie engagierte und gesunde Mitarbeitende (Prozesskultur) führen zu besseren Leistungen und Produkten und somit zu zufriedenen Kunden und besseren Geschäftsergebnissen.

Freudig beobachte ich, dass anerkannte Management-Vordenker unserer Zeit auch in diese Richtung gehen. Der Harvard-Professor und 2011 zum **Top-Managementvordenker** gewählte Clayton M. Christensen stellt die Frage nach dem Sinn des Lebens. Prof. Franz Josef Radermacher, Mitglied der **Denkfabrik*Club of Rome***, sieht eine Welt mit Zukunft mit einer ökosozialen Perspektive. Insgesamt gibt es global immer mehr Armut, Elend, Hunger sowie Kriege und die Erde wird mehr ausgebeutet und zerstört. Hans A. Wüthrich schlägt vor, Muster zu brechen, sowohl in den Prozessen aber auch im eigenen Führungsverhalten. Dies richtet sich an alle, „die im Rahmen ihrer Führungstätigkeit ungute Gefühle erleben und nicht länger bereit sind, als Marionetten ihrer Führungsreflexe zu funktionieren". Steht eine Management-Revolution an? Kürzlich Schlagzeile: „Papst ruft zu radikalem Umdenken auf". Der **Pontifex** kritisiert vor allem das Wirtschaftssystem. Das herrschende Wirtschaftssystem nennt er „in der Wurzel ungerecht". Diese Form der Wirtschaft töte, denn in ihr herrsche das Gesetz des Stärkeren. Der Mensch sei nur noch als Konsument gefragt, und wer das nicht leisten könne, der werde nicht mehr bloß ausgebeutet, sondern ausgeschlossen, weggeworfen.

> **Erfahrungsbericht: Arbeiten und Leben in Vietnam**
>
> Mein Herz rast aufgeregt. Ich schwitze. Tropische Vögel singen. In einem kleinen Holzboot werde ich über den unglaublich breiten Fluss gerudert. Wie eine Wasserfontäne springt er hoch; da ist er, der Mekong-Delphin. Die freiwillige WWF-Helferin flüstert: „Das ist einer der letzten, das Wasser ist zu schmutzig, keine Chance mehr". Oje, was für ein Ausflug für mich. Es dröhnt noch in meinen Ohren. Die Motorengeräusche der 2,5 Mio. Motorroller in der 10 Mio. Stadt Saigon sind wie ein Hummelschwarm den ganzen Tag wahrnehmbar. Hier arbeite ich nun seit Monaten als Berater für Prozessmanagement beim Aufbau von neuen Unternehmungen. Jeden Morgen auf dem Arbeitsweg schmerzen meine durch den Schmutz schwarzen Augen. Ich bin froh, jetzt in der Natur zu sein. Unglaublich, so ein schönes Land. Vietnam, mit so vielen Einwohnern wie Deutschland, erholt sich gerade vom Krieg und schon kommt der nächste Schock: Freie Marktwirtschaft. Vietnam ist weltweit zweitgrößter Kaffeeproduzent, wobei Deutschland Vietnams größter Kaffeeabnehmer ist. Die neuen

Werte im Geschäftsumfeld sind hier „So viel verdienen wie möglich" und „trau keinem anderen". Wer kann es ihnen verübeln nach Jahrzehnten der Unterdrückung. Doch wo führt das hin? Die Umwelt, die Delphine, ja sogar ein einzelnes Menschenleben zählen kaum etwas. In Saigon verdient ein Angestellter 100 $ im Monat, das ist viel, naja im Vergleich zu Kambodscha, wo das Taeiseinkommen unter einem Dollar liegt. Ich schäme mich. Da verdiene ich doch in der Schweiz in ein paar Wochen mehr als ein Vietnamese in seinem ganzen Leben. Und die haben keine 4 oder 5 Wochen Urlaub. Ich kann es nur beobachten und den Schmerz in meiner Brust fühlen, Trauer, Wut, und Ohnmacht.

2.4 Fakten

Erfahrung: Stationen rund um die Welt

In den USA erlebe ich neben toller Natur, wie in Städten wie Atlanta, New York oder Los Angeles rücksichtslos Energien verschwendet werden und eine unglaubliche Technologiegläubigkeit herrscht. In Mexico bekomme ich in der Hauptstadt vor Smog kaum Luft. In Peru begeistern mich der artenreichsten Dschungel sowie die alten Kulturen. Doch die Landflucht nach Lima, die überall fast unerträgliche Armut und der blinde Wachstumsglaube lässt mich innerlich erstarren. In Saigon, Vietnam habe ich in besonders verschmutzter Luft die Folgen der verheerenden kapitalistischen Grundwerte *Gier* und *Misstrauen* erlebt. Was lehrt mich das?

Auf der Südseeinsel Vanuatu, einem Traumparadies sondergleichen, erlebte ich die gnadenlose Globalisierung und Ausbeutung der Natur. In Abu Dhabi, dem reichsten Öl-Emirat der *Vereinigten Arabischen Emiraten*, spürte ich die erschreckenden Auswirkungen von Geld und Macht. In Sydney, Australien sah ich das Gegenteil von Work-Life-Balance, das sinnleere Herumrennen in der Geschäftswelt, trotz toller Natur mit tollem Meer, exotischen Tieren und viel Sonne. Was will mir das sagen?

In Indien nahm ich riesige Gegensätze wahr: Der große Reichtum von wenigen steht unglaublicher Armut von vielen gegenüber. Mein Wendepunkt: In einem Meditations-Ressort lernte ich meine Konditionierungen kennen und begab mich auf den Weg zu mehr BewusstSein und Achtsamkeit. Zurück in Europa, in der Schweiz, habe ich bemerkt, dass die meisten so tun, als ob alles in Ordnung sei. Die erschreckenden Fakten über mangelndes Engagement bei fast allen, massiv ansteigendes Burnout sowie Depressionen und Unzufriedenheit zeigen aber eine klare Orientierungskrise und ein spürbares Sinnvakuum. Was kann ich daraus lernen? Ich spüre Herzschmerz.

2.4 Fakten

Aus 20 Jahren Erfahrungen als Berater und Trainer für organisatorisches Prozessmanagement ziehe ich folgendes Fazit: Immer mehr Menschen verbringen die besten Jahre ihres Lebens mit einem Job, den sie nicht mögen, um immer mehr Dinge zu kaufen, die sie nicht brauchen, um einen Lebensstil zu führen, den sie nicht genießen.

Bewährte Denk- und Organisationsstrukturen sowie tradierte Wertvorstellungen verlieren ihre Gültigkeit. Orientierungsvakuum und Sinnkrise äußern sich in Stress, Depression und Burnout. Alarmierende Studien und Artikel über Burnout sind jede Woche zu lesen. Auch werden die Menschen, eben auch die Beschäftigten und Manager, seit vielen Jahren nicht glücklicher. Offenbar liegt dies nicht an den Methoden und Techniken, denn diese sind hinreichend bekannt. Woran liegt das? Allenfalls an den unbewussten ungesunden Konditionierungen? Dazu eine kleine Geschichte.

„Jeden Morgen wacht in Afrika eine Gazelle auf. Sie weiß, dass sie schneller rennen muss als der Löwe, um zu überleben. Jeden morgen wacht in Afrika ein Löwe auf. Er weiß, dass er schneller als die Gazelle rennen muss, um nicht zu verhungern. Also egal ob du Löwe oder Gazelle bist – wenn die Sonne aufgeht, lauf um dein Leben."

Wer kennt dieses Gefühl nicht? Viele von uns verhalten sich tatsächlich so. Aber wir sind weder Löwen noch Gazellen sondern Menschen, die fähig sind, über den **Kampf-oder-Flucht-Reflex** hinauszuwachsen. Dazu braucht es Selbsterkenntnis.

Es ist dafür notwendig, sich anzusehen, was auf der Erde und in den Unternehmen eigentlich los ist, was *Sache* ist; siehe dazu Abb. 2.6. Dabei kann ein Ohnmachtsgefühl aufkommen. Es geht dann aber darum, genau hinzuschauen, um Handlungsoptionen zu erkennen und zum verantwortungsvollen Handeln zu motivieren.

Der **Kategorische Imperativ** sollte in einem Unternehmen und für eine Person immer die erste Priorität haben: „Handle so, das es zum allgemeinen Gesetz werden könnte".

Erfahrungsbericht: Leben und arbeiten in Sydney

Ein Traum erfüllt sich, ein Jahr Sydney. Nun bin ich hier, unterstütze als Business Engineer und Trainer für Work-Life-Balance ein größeres Organisationsprojekt mit 40 Leuten. Sehe ich da richtig, die arbeiten mehr als 10 h am Tag ohne Pause, essen zu Mittag kurz ein Sandwich vor dem Bildschirm und kommen sogar noch am Wochenende ins Büro? Tausende von Seiten Projektdokumentationen werden erstellt, die niemand je liest. Die Leute sind müde und erschöpft, das Projekt verzögert sich. Jeder 6. Australier hat ein ernsthaftes Problem mit Stress, Alkohol und seiner Gesundheit. Sydney ist eine der schönsten

- Menschen werden seit Jahrzenten nicht glücklicher
- Im Jahr 1 lebten 200 Mio., zu Goethes Zeiten 1 Mia., 1960 3 Mia., heute 7 Mia.
- ½ der Menschen leben in Städten, die meisten in Slums
- es sind 1,5 Erden nötig für Regneration
- pro Sekunde verschwindet ½ Fussballfeld Regenwald, = ½ Deutschland pro Jahr

- 5-10 % der Beschäftigten haben Burnout, 50 % sind gefährdet
- 50 % klagen über Stress, WHO hat Stress als grösste Gesundheitsgefahr des Jahrhunderts deklariert
- 1/3 der Lebensmittel gehen in den Müll
- Jeder 5. leidet an Depression
- 50 % der Informationen sind für Manager überflüssig

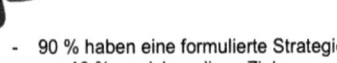
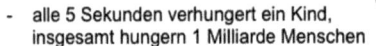

- alle 5 Sekunden verhungert ein Kind, insgesamt hungern 1 Milliarde Menschen
- 20 % haben 85 % des Einkommens, nur 700 Familien weltweit besitzen fast alles, dies sind etwa 3 Familien pro Land
- 700 Mio. Euro an Zinsen gehen jeden Tag in Deutschland an Vermögende
- ¼ der Jugendlichen in Europa sind arbeitslos
- jedes 10. Kind lebt bei uns in Armut

- 90 % haben eine formulierte Strategie, nur 10 % erreichen diese Ziele
- 70 % der Projekte scheitern
- 140 Firmen machen ½ des Weltumsatzes
- ¼ der Arbeitsproduktivität geht wegen Gerüchten, Unsicherheit, Widerstand und Ängsten verloren
- nur 7 % haben ein Prozessmanagement
- 85 % der Beschäftigten sind nicht engagiert

Abb. 2.6 Wichtige Fakten

Städte der Welt, Sonne, Meer, fantastische Landschaften und einzigartige Tiere wie Kängurus, Koalas und Wombats. Aber die Leute haben keine Zeit, das zu genießen. Es macht mich fassungslos, wie viele von ihnen sinnlos umherrennen und so ihr halbes Leben verpassen. Sogar hier am anderen Ende der Welt bin ich enttäuscht und empört. Und wieder ich fühle diesen Schmerz.

Lebensvision 3

Der Bereich der Lebensvision, insbesondere die Frage, was denn der Sinn des Lebens sei, ist uralt. Ich kann diese auch nicht abschließend beantworten. Was ist Glück? Warum bin ich nicht so oft glücklich, wie ich es mir wünschen würde? Da stehen Tabus, Konditionierungen und Hürden dazwischen. Seither habe ich mich durch meine Gefühlsschichten auf den Weg des Herzkriegers gemacht.

3.1 Sinn

▶ **Balance** resp. **Lebenszufriedenheit** und **Glück** ist subjektives Wohlbefinden, sich wohl fühlen, individuelle Lebendigkeit (Gesundheit) mit der Möglichkeit, bedeutungsvolle (Sinn), motivierende Aktivitäten zu unternehmen (Beruf), welche Gefühle von Kompetenz und Autonomie verleihen, die inneren Ressourcen stärken (Essenz) sowie den Bezug zu anderen Menschen sicherstellt (soziales Umfeld).

> **Erfahrungsbericht: Urlaub in der Südsee**
>
> Auf der Südseeinsel Vanuatu leben nach dem Happy Planet Index die glücklichsten Menschen der Erde. Ich stehe grade am leuchtend weißen Sandstrand. Das in allen Blautönen glänzende Meer beruhigt mich. Das Dorf besteht aus weißen, kleinen Steinhäusern und in den Gärten dahinter wachsen wie im Paradies tropische Früchte wie Papayas, Bananen und Mangos und alles erdenkliche Gemüse. Fische im Meer, Trinkwasser auf der Insel. Eine beschauliche Energie ist spürbar. Ja, so möchte ich auch leben. Die haben alles, die brauchen uns nicht. Doch was ist das? Auf dem ersten Haus sehe ich eine Fernseh-Anten-

Abb. 3.1 Glück als Formel

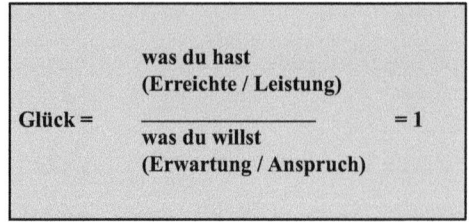

ne. Mein einheimischer Führer erzählt, dass die Familie einen Fernseh-Apparat von japanischen Investoren geschenkt bekommen hat, auf diese Weise entstehen materielle Werte und Neid. Plötzlich ist Geld relevant. Die Einheimischen müssen sich korrekt anziehen, Kleider kaufen, natürlich in einem Shop in der Hauptstadt, welcher, wie die meisten Shops dort, von Chinesen geführt wird. Er sagt, die sind viel geschäftstüchtiger als wir, wir haben keine Chance. Wieder Schmerz in meiner Brust: Trauer, Wut und Ohnmacht.

Gesundheit, Glück, Zufriedenheit und Erfolg! Wer möchte dies nicht? Doch was ist wirklich der Sinn des Lebens?

Happiness **oder Glück** resp. ein glückliches Leben kann als Formel dargestellt werden (siehe Abb. 3.1). Somit lässt sich Glück nicht einzig auf der Leistungsseite *erzwingen*. Die in unserer Gesellschaft, insbesondere auch in den Firmen vorherrschende Idee des immerwährenden Wachstums, Karriere, Leistung und Materielles geht daher am Glück vorbei. Die wirklich wichtigen Sachen wie ehrliche Zufriedenheit, Gefühle auszudrücken, jemanden zu lieben, einen Sonnenuntergang zu betrachten kommen dabei zu kurz. Die durch systematisches Marketing gesteigerten Erwartungen erfordern gemäß der Formel wiederum mehr und mehr Leistung. Diese unendliche Spirale lässt sich daher nur durch den Verzicht von Ansprüchen und Erwartungen lösen. Es ist Zeit, unseren materiellen Wohlstand, der nur eine Illusion ist, zurück zu buchstabieren.

Was ist nun der **Sinn des Lebens**? Es scheint, als leben die meisten Menschen unbewusst in einer Art von Traum, einem Wachtraum. Die meisten Handlungen sind dabei unbewusst konditioniert und sogar die Ausdrucksweise umfasst oft Floskeln: „Guten Morgen! Wie geht es dir? Ich freue mich, dich zu sehen! Ich wünsch dir einen schönen Tag! Vielen Dank! Auf Wiedersehen!" Realisiert ein Mensch dies auf dem Weg der Selbsterkenntnis und wacht auf, so ist es ein natürlicher Prozess, andere auf diesem Weg zu unterstützen. Jeder scheint dabei ganz individuelle **Talente** zu haben.

Gemäß dem *Happy Planet Index* wird untersucht, wie und wo glücklich gelebt wird. Die *Gewinner* sind auf der Südseeinsel Vanuatu. Auch dieses Glück ist bereits mehr als bedroht. Im Hinblick auf Work-Life-Balance lässt sich die dabei

5 Dinge, die Sterbende am meisten bereuen

1. Ich wünschte, ich hätte den Mut gehabt, **mein Leben zu leben** und nicht das Leben, das andere für mich vorgesehen hatten.
2. Ich wünschte, ich hätte **nicht so viel gearbeitet**.
3. Ich wünschte, ich hätte den Mut gehabt, **meine Gefühle zu zeigen**.
4. Ich wünschte, ich wäre **mit meinen Freunden in Verbindung** geblieben.
5. Ich wünschte, ich hätte mir erlaubt **glücklicher zu sein**.

Abb. 3.2 Was Sterbende bereuen (Ware)

gemessene Lebenszufriedenheit genau auf die vier Dimensionen inklusive der Essenz abbilden. Ist dies erreichbar? Was ist wirklich wichtig im Leben? Bronnie Ware hat aufgrund ihrer Erfahrungen mit Sterbenden **die 5 Dinge, die Sterbende am meisten bereuen** zusammengestellt (siehe Abb. 3.2). Die weltberühmte Sterbeforscherin Elisabeth Kübler-Ross hat in einem Interview auf ihr Leben mit Sterbenden zurückgeblickt: „In der Schweiz wurde ich nach dem Grundsatz erzogen: arbeiten, arbeiten, arbeiten. Du bist nur ein wertvoller Mensch, wenn du arbeitest. Dies ist grundfalsch. Halb arbeiten, halb tanzen. Das ist die richtige Mischung! Ich selbst habe zu wenig getanzt und zu wenig gespielt."

Was ist also der Sinn des Lebens? Sich mit dem *Größeren* Verbinden, zu lieben und seine Talente leben. Wahrnehmen und Beobachten (*Awareness*), Spüren und Akzeptieren (*Acceptance*) sowie Handeln oder eben Nicht-Handeln (*Action*) mit dem Ziel, Balance bei sich selber (Work-Life-Balance) und auf der Welt (World-Life-Balance) zu erreichen. Damit stehen wiederum die Phasen der Selbsterkenntnis im Mittelpunkt.

3.2 Das Vier-Schichten-Persönlichkeitsmodell

Erfahrungsbericht: Worum geht's im Leben?

Mein Lehrer S.D. äußert sich zur Frage, worum es ihm in seinem Leben und Wirken gegangen ist wie folgt: „Ziel war für mich immer: 1. innerlich ein totaler Wandel durch Selbsterkenntnis im Einzelnen, ein Quantensprung von der egozentrischen zur Herzpersönlichkeit sowie 2. äußerlich ein vollkommener Systemwandel, ein totale und weltweite Umstellung von einem Konkurrenz- auf ein Kooperationssystem. Schlüsselerlebnisse hatte ich in verschiedenen Lebensphasen. Aber eines, das mich auf den Weg des Herzenskriegers brachte, ragt ganz besonders heraus. Es hat mit einer außersinnlichen Wahrnehmung in einem Zustand veränderten Bewusstseins zu tun. In diesem Erleben – ich war damals erst 23 Jahre alt – sah ich mein Schicksal, meinen Weg, meine Beru-

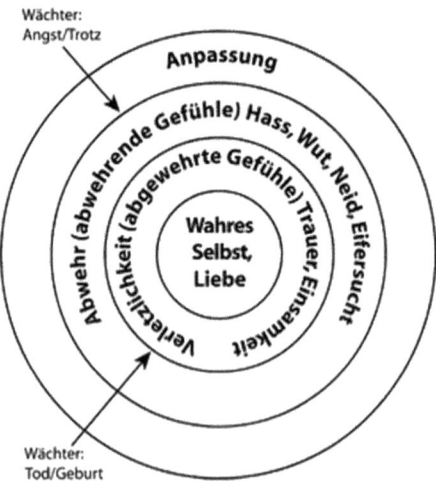

Abb. 3.3 Vier-Schichten-Modell – Weg zum Selbst

fung, mein ganzes Leben, das kommen sollte, vor mir ausgebreitet. Ein Blueprint wurde in mir angelegt, dem ich seither leichtfüßig gefolgt bin."

Das Vier-Schichten-Persönlichkeitsmodell wird an vielen Stellen gelehrt und stammt ursprünglich von Wilhelm Reich. Menschen reagieren oft mit Widerständen und Übertragungen die scheinbar wie eine Panzerung schützen. Übertragungen sind Projektionen von alten Erlebnissen und Gefühlen in die Gegenwart. Reich ging davon aus, dass der *Charakterpanzer* das Resultat der erstarrten Lebensgeschichte eines Menschen ist, also „die funktionelle Summe aller vergangenen Ereignisse". Dabei bilden sich wie in Abb. 3.3 dargestellt vier Schichten:

1. **Anpassung** mit künstlich geschaffener Persönlichkeit (Ego) mit Langeweile
2. **Abwehr** (abwehrende Gefühle) wie Hass, Wut, Neid und Eifersucht
3. **Verletzlichkeit** (abgewehrte Gefühle) wie Trauer, Einsamkeit
4. **Wahres Selbst** (Essenz)

Das Persönlichkeitsmodell besteht aus der äußeren Anpassungsschicht, den abwehrenden Gefühlen (Hass, Trotz, Eifersucht, Gier, Neid), den abgewehrten Gefühlen (Trauer, Schmerz, Hoffnungslosigkeit, Einsamkeit, Nichtverstandensein) und dem inneren Kern, dem Selbst, der Essenz. Diese Gefühle führen zu spezifischen persönlichen Verhaltensweisen (Konditionierungen), die oft ungesund sind.

Das Modell zeigt als Landkarte den Weg von der Anpassung mit vielen ungesunden Konditionierungen zur Essenz. Wie bei einer Zwiebel ist von außen nur die Schutzschicht (*Ich-Schicht* oder Ego) zu erkennen. Sind wir uns dem Schichtenmodell nicht bewusst, so identifizieren wir uns mit dieser ersten Schicht. Wir leben in der Anpassung. Wir leben in einer künstlich geschaffenen **Persönlichkeit**, welche nicht unserer Essenz, der eigentlichen **Identität**, meiner Person, entspricht. Dies kann buchstäblich physisch und psychisch sehr anstrengend sein und auch zu *Burnout* (*nicht mehr mögen*) führen.

Die Abbildung zeigt als *Weg zum Selbst* das Persönlichkeitsmodell mit den 4 Schichten. Es geht nun darum, jeweils in die weiteren Schichten vorzudringen. Nur so kann die Essenz resp. unser Sein erreicht werden. Unmittelbar mit dem ersten Schritt in die *Freiheit* sind unweigerlich die **Angst** und der **Trotz** sowie das **schlechte Gewissen** verbunden. Diese drei wachenden *Hunde* beißen einem ganz sicher in den Hintern, sobald man sich auf den Weg nach Innen macht. Da muss jeder durch. Später halten uns dann noch die *Wächter* Tod und Geburt vom Eindringen in die Tiefe ab.

Bei der **Selbsterkenntnis** geht es darum, sich durch diese verschiedenen Schichten zu *arbeiten*, um wirklichen Kontakt zu dem eigenen **inneren Gefühlsleben** zu finden und authentisch im Leben sein zu können. Um den Kern herum bildet sich im Laufe der Entwicklung aufgrund erfahrener und nicht verarbeiteter Verletzungen eine Schicht des Schmerzes und der Trauer – die **abgewehrten Gefühle**. Da diese Gefühle häufig als unerträglich empfunden werden, bildet sich eine weitere Schicht der **abwehrenden Gefühle** wie Ärger, Aggression, Wut und Trotz. Hierfür wurde das Kind nicht selten mit Liebesentzug bestraft, so dass eine weitere Schicht der **Anpassung** gebildet wird, charakterisiert durch Gefühle wie Langeweile, Überdruss, Sinnlosigkeit und Depression. Wenn ein Mensch wieder glücksfähig oder glücklicher werden möchte, muss er sich durch diese Schichten durcharbeiten. Um von einer Schicht in die andere zu gelangen, stehen Wächter davor, insbesondere der Wächter *Angst* lähmt uns an unserem persönlichen Wachstum wohl am meisten.

3.3 Konditionierungen & Tabus

▶ **Konditionierungen** sind antrainierte Verhaltensmuster, Glaubenssätze und Erwartungen der Eltern, an sich selber und andere. Wir lernen dies in den ersten etwa sechs Lebensjahren im Umfeld, vor allem in unserer Ursprungsfamilie. Beispiele sind: Perfektionismus, keine Schwäche zeigen, Status- und Prestigestreben, Wettkampf- und Konkurrenzdenken, Anpassung statt Ehrlichkeit, keine Gefühle zeigen, sich zurückhalten, Manipulation, immer lächeln oder immer ernst sein, Anreiz über Leistung, die Illusion der materiellen Werte sowie nicht angesprochene Tabus wie Angst, BewusstSein, Moral, Macht, Geld, Gier und Alter sowie Tod.

Abb. 3.4 Behindernde Konditionierungen (Bennet-Goleman)

	Beziehungsmuster
1	Angst verlassen zu werden
2	(emotionale) Bedürfnisse nicht ausdrücken
3	Unterwerfung ("immer wie du willst")
4	Misstrauen
5	Nicht liebenswert sein

	Arbeitsmuster
1	sich ausgeschlossen fühlen
2	sich verletzlich fühlen
3	Angst zu versagen (nicht gut genug sein)
4	Perfektionismus
5	sich besonders fühlen (keine Grenze sehen)

Konditionierungen als Schlüssel erkennen (siehe Abb. 3.4): Haben sie sich nicht auch schon gefragt, warum klappt das mit der Beziehung nicht so recht? Weshalb werde ich immer wieder wegen demselben Umstand wütend? Wieso kann mich mein Vorgesetzter so schnell ärgerlich machen? Wieso kann ich nicht entspannter sein in heiklen Gesprächen? Fühlen sie sich manchmal nicht gut genug oder sie wollen alles perfekt machen? Lieben sie es offen und exponiert zu sein? Wir investieren so viel Energie, um nicht schwach und verletzlich zu scheinen. Hatten sie nicht schon einen heftigen Streit – einige Zeit später haben sie alles bereut, also ob die Auseinandersetzung nichts mit der anderen Person zu tun hatte?

Tabus überwinden (siehe Abb. 3.5): Auf dem Weg der Selbsterkenntnis, sich seinem Herzen und der Liebe näher zu kommen und sich authentisch und stimmig zu verhalten, begegnen einem unvermeidbar einige ungeliebte Themen. Diese sind die Angst, die Angst vor dem sich Bewusstwerden, vor dem Alleinsein, vor dem Ausgeschlossensein. Ängste gegenüber Beziehungs- und Gesellschaftsnormen sowie Lebensformen tauchen auf. Auch die Tabus Geld, Gier und Macht sowie die Tabus Altern, Tod und Vergänglichkeit tauchen auf. Diese vier abgebildeten Tabu-Kategorien können parallel oder in einer Reihenfolge auftauchen und auch bewusst überwunden werden: Wenn ich meine Ängste überwinde, erhalte ich Klarheit. Diese kann sich aber doch als Scheinwissen entpuppen, der Fokus engt sich stark ein. Dogmas und Arroganz tauchen auf. Dies muss ich dann wiederum überwinden und ich komme mit Macht in Kontakt. Hier ist die große Herausforderung, nicht an der Macht zu scheitern, beispielsweise überheblich oder gar größenwahnsinniges Verhalten lebe. Geld und immer noch mehr Geld ist ein Beispiel dieser

3.3 Konditionierungen & Tabus

Feind (Tabu)	Folge	Beispiel-Tabu	Erklärung
1. **Angst** (vor Bewusstwerden, vor Alleinsein, vor Ausgestoßen sein, vor Tabus)	lähmt uns (Anpassung, Schweigen)	Bewusstwerden	lässt uns in unserer Furcht vor dem Unbekannten verharren.
2. **Klarheit** (Schein-)Wissen	lässt uns in Illusion (Dogma, Überheblichkeit)	Moral	lässt uns denken, dass wir schon alles kennen und es keine wirklich wichtigen Fragen mehr gibt.
3. **Macht**	verführt uns (Missbrauch, Größenwahn)	Geld	lässt uns in der Illusion leben, dass wir die Welt Menschen und Natur kontrollieren können.
4. **Alter** und Vergänglichkeit	zehrt uns aus (Müdigkeit, Bequemlichkeit)	Tod	nimmt uns die Dynamik und Lebenskraft.

Abb. 3.5 Die 4 *Feinde* des Menschseins resp. Tabus

Herausforderung. Sich jeden Tag des letzten Feindes bewusst zu sein, würde wohl fast jeden und jede anders handeln lassen. Die ersten drei Feinde lassen sich durch Selbsterkenntnis überwinden. Am vierten Feind scheitern zuletzt alle. Doch eine sich einschleichende Bequemlichkeit oder Müdigkeit können bewusst überwunden werden.

Erfahrungsbericht: Was ist Wirklichkeit und was ist Realität?

Mein Freund J.K. berichtet mir mit leuchtenden Augen auf die Frage, was denn sein Schlüsselerlebnis im Leben war. „Als ich 12 Jahre alt war hatte ich ein eindrückliches Erlebnis, welches mein ganzes Leben beeinflusst hat. Viele Jahre konnte ich mit niemandem darüber sprechen, es durfte einfach nicht wahr sein, dieses Thema ist offenbar ein Tabu. In der Literatur bei Hermann Hesse (Siddhartha) oder Erich Fromm (Die Kunst des Liebens resp. Haben oder Sein) habe ich Beschreibungen gefunden, die mir geholfen haben. Mit 25 hatte ich dann wieder ein solches Erlebnis. Damals lag ich abends im Bett und beim Einschlafen realisierte ich, dass ich nicht mehr denken konnte. Alles, was ich dachte, war unmittelbar wieder verschwunden, irgendwie in einen unendlichen Raum. Da zog etwas, als ob es mich mitnehmen wollte. Ich hatte ja schon Bücher über dieses Phänomen gelesen, dass es einen anderen Seins-Zustand gibt. Plötzlich war er da und der innere Dialog war beendet. Dies machte mich neugierig und gleichzeitig machte es mir unheimlich Angst. Die Angst war schließlich stärker als die Sehnsucht nach dem großen Raum. Ich spürte Traurigkeit, eine Chance vertan zu haben. Mein Interesse war aber erneut geweckt und ich fragte endlich nahestehende Menschen, ob diese auch ähnliches erlebt hatten. Diese bestätigten mir dann im Vertrauen solche Erlebnisse mit ebenfalls starken Reizen, die gleichzeitig anziehend und beängstigend waren. Ich war erleichtert. Mir war und ist klar, jeder kann diesen Seins-Zustand der Verbundenheit mit allem selbst erleben. Die *Wirklichkeit* ist viel größer als meine beschränkte *Realität*."

3.4 Herzkrieger

▶ Ein **Herzkrieger** strebt nach Wahrheit und Wirklichkeit. Er ist unterwegs im inneren Kampf um das Selbst, sein Ego, zu überwinden. Unterwegs um bewusst zu werden und um auf sein Herz zu hören. Es ist der Weg der Selbsterkenntnis. Dieser führt zum Wiederfinden des Ursprünglichen, des unkonditionierten Menschen, der nicht in Gewohnheitsmustern gefangenen ist, sondern eine freie Energie ist. Was macht zum Herzkrieger? Den inneren Dialog anhalten, die eigene Wichtigkeit verlieren, die persönliche Geschichte aufgeben, den Tod als Ratgeber benutzen, Verantwortung übernehmen, unerreichbar sein, die Gewohnheiten des Lebens unterbrechen, sich der Kraft zugänglich machen und die richtige Stimmung finden! Es geht um Achtsamkeit, Gelassenheit, Ehrlichkeit und Makellosigkeit. Der Weg des Herzkriegers führt zu Gesundheit, Balance und Lebensfreude.

Immer wieder stellen ich bei mir und anderen Leuten fest, dass auch ernsthafte Menschen und Suchende zu wenig exakt sind im Prozess der Selbsterkenntnis, für den sie sich aufgemacht haben, und daher die Früchte nicht ernten können, nach denen sie sich strecken. Folgendes hat mir dabei geholfen: Der Prozess der Selbsterkenntnis ist auch der **Weg des Herzkriegers**. Es genau zu nehmen mit der Selbsterkenntnis, heißt, ein guter Herzkrieger resp. eine gute Herzkriegerin zu sein. Dies führt zu einer inneren und äußeren Ordnung bezüglich des ganzen Lebens. Nur auf dieser Grundlage ist ein tieferes Eintauchen in die Geheimnisse unserer Existenz möglich.

Es geht paradoxerweise bei der Selbsterkenntnis um die Freiheit vom Selbst, das Selbst zu überwinden. Also, es geht nicht um das Über-sich-nachzudenken, sondern im Gegenteil, Selbsterkenntnis führt zum Ende des Mit-sich-selbst-beschäftigen. Es geht um das Sich-selber-bewusst-werden über sich (siehe Abb. 3.6).

Der Herzkrieger weiß, dass er sich nicht ändern kann; trotzdem versucht er es beharrlich, immer wieder, möglichst makellos und unverbrüchlich. *Fröhliches Scheitern* ist angesagt. Sein Lohn schließlich ist nicht die Änderung, sondern der Wandel, der daraus kommt, dass seine Beharrlichkeit eine Energie aufbaut, die

3.4 Herzkrieger

Die 12 Eigenschaften und Themen für Herzkrieger

1	Inneren Dialog anhalten	Sein Denken gründlich anschauen und verstehen, dann wird es still. Nicht nur intellektuell, sondern lauschen, sehen und spüren. Keine andauernden Bewertungen und Beurteilungen mehr. Das Anhalten des inneren Dialogs ist die einzige Möglichkeit, unsere Vorstellung, unsere Ansicht von der Welt zu ändern.
2	Eigene Wichtigkeit überwinden	Eigene Wichtigkeit ist das Gefühl, durch das Tun und Lassen seiner Mitmenschen verletzt zu werden und sich gekränkt oder beleidigt zu fühlen oder sich zu beklagen Es ist das Nicht-einverstanden-sein mit dem, was ist (Autoritätsproblem). Folgen davon sind (Selbst-)Sucht-Tendenzen und Kompensationen (wie Essen, Streit oder Arbeiten) sowie Kontrolle und Besitzdenken. Es ist das Gefühl, Recht haben zu wollen oder nach Aufmerksamkeit, Anerkennung und Lob zu suchen. Sich ständig mit sich selber beschäftigen und ums sich drehen.
3	Persönliche Geschichte aufgeben	Die persönliche Geschichte aufgeben. Sich nicht mehr mit seiner Geschichte und den damit verbundenen Mustern, Rollen und Konditionierungen identifizieren. Sein ungesundes Verhalten nicht mehr mit seiner Herkunft entschuldigen. Innere Ordnung führt zu äußerer Ordnung.
4	Tod als Ratgeber	Im Anbetracht des Todes wird vieles relativiert, womit wir uns beschäftigen und was wir für scheinbar wichtig halten. Keine Gewohnheitsmuster mehr. Loslassen. Insbesondere nicht weiter so leben, als ob man alle Zeit hat.
5	Verantwortung übernehmen	Volle Verantwortung für sein Leben übernehmen für alles, was man tut und dessen Folgen. Dies sowohl im Innern, mit dem Nehmen aller Gefühle als auch im Äußern mit dem Tragen aller Konsequenzen bis zum Ende. Kein Selbstmitleid oder Opferdasein mit Bedürftigkeit und Unabhängigkeit mehr.
6	Unerreichbar sein	Nicht immer verfügbar sein, selber bestimmen. Nur wohl dosiert im Kontakt mit der Welt um sich herum sein. Keine Spuren hinterlassen. Der Welt lauschen.
7	Gewohnheiten unterbrechen	Gewohnheiten, Muster und Konditionierungen unterbrechen und sich bewusst darüber werden. Für Taten kein Lob oder andere Belohnung erwarten. Man kennt seine echten Bedürfnisse und sorgt dafür.
8	sich der Kraft zugänglich machen	Sich der Kraft, der Energien, zugänglich machen. Ehrliche, echte und bewusste Freiheit, eine freie Energie anstreben ohne Gewohnheiten, Anhaftungen und Identifizierungen.
9	Stimmung selber machen, Gelassenheit	Sich seine Gefühle und Stimmung selber machen. Niemanden verantwortlich machen für Gefühle, bsp. zu 100 % für *Fehler* in Beziehungen selbst verantwortlich sein. Auch schwierige Gefühle nicht ausagieren. Gelassenheit.
10	Achtsamkeit	In allem tadellos, authentisch und bewusst sein. Auch mit sich selbst sorgsam umgehen. Achtsam, bewusst und Aufmerksam mit sich und anderen sein.
11	Ehrlichkeit	Für Wahrheit und Wirklichkeit gehen bedingt absolute Aufrichtigkeit und Ehrlich gegenüber sich selbst. Einsicht ohne Handlung ist nicht wirkliche Einsicht.
12	Makellosigkeit	Beharrlich, unschuldig und Achtsam dranbleiben; immer wieder *fröhlich* scheitern und aufstehen und ehrlich zu sich selbst sein. Sich so verhalten, dass es allgemeines Gesetz werden könnte. Integer sein. Den Weg mit Herz gehen.

Abb. 3.6 Eigenschaften und Themen für Herzkrieger

alles für ihn verändert. Der Herzkrieger ist kein Soldat. Im Gegenteil: Ein Soldat ist fremdgesteuert. Ein Herzkrieger ist unterwegs gegen sein Ego, unterwegs, sich nicht immer in den gleichen Strudel ziehen zu lassen, um dort viel Energie zu verlieren. Unterwegs zu seinem Herzen.

Viele Menschen verfallen in Anbetracht der persönlichen, beruflichen und globalen Situation leicht ins Selbstmitleid. Man könnte sogar sagen, das meiste Leiden ist im Grunde ein Selbstmitleid. Die *arme Hund Nummer* kennen die meisten so gut, dass daraus sogar ein Nutzen gezogen wird. So erhält man Aufmerksamkeit, hat ein *anerkanntes* Gesprächsthema oder lenkt unbewusst vom Wesentlichen ab, nämlich dem Stillsein, dem Lauschen und dem Zulassen von Gefühlen, dem Spüren. Ein weitaus besserer Weg statt Selbstmitleid ist die Ausrichtung auf eine authentische, Achtsame Lebensweise. Damit ist gemeint, konsequent auf sein Herzen zu hören statt auf den Verstand und damit zu einem *Herzkrieger* zu werden; ein Krieger der für die Wahrheit und Wirklichkeit geht. Trotz Gegenwind in der Wahrheit stehen zu bleiben, zeichnet einen solchen Menschen aus. Solche Personen finden dann oft zu kleinen *Herzkriegertruppen* zusammen, die sich Achtsam, mit Würde und liebevoll unterstützen. Es geht also nicht darum, sich in Hoffnungslosigkeit aufzugeben, sondern sich dem Leben bewusst hinzugeben. Der Herzkrieger weiß, wo er gelassen bleibt und wo er eine Grenze setzt. Es ist ein Mangel an Demut, seine Begabung nicht auszuleben.

Es geht insbesondere um das Anhalten des eigenen inneren Dialoges mit andauernden Wiederholungen und Bewertungen. Am wichtigsten ist dabei die eigene Wichtigkeit aufzugeben. Dort wird am meisten Energie verschwendet. Ununterbrochen mit sich selber beschäftigt sein, um sich selbst drehen. Sich nicht mehr wichtig zu nehmen heißt, damit aufzuhören. Beispielsweise aufhören, nach Anerkennung zu suchen, sich ständig Sorgen zu machen um das Geliebt-werden. Man soll das zuerst mal wirklich sehen und wahrnehmen und dann damit bewusst aufhören. Gewohnheiten sind zu unterbrechen wie das Nicht-einverstanden-sein (Autoritätsthema), wie Suchttendenzen sowie die Kontrolle und das Besitzdenken. Ich werde mir darüber bewusst. Ich hab es verstanden, angeschaut, hab mir zugeschaut und es führt nirgends hin, sondern verbraucht nur meine Energie. Es ist das endlose Rad von Gewohnheit. Ich beende dies bewusst. Trotzdem habe ich mich selber im Zentrum, doch ich denk nicht darüber nach. Die persönliche Geschichte ist auch aufzugeben, damit diese einem nicht gefangen nimmt.

Der Weg des Herzkriegers ist kein Konzept, sondern eine Achtsame Lebensweise, die zu Gesundheit, Balance und Lebensfreude führt.

Gesundheit

Gemäß einer Studie des Instituts für Führung und Personalmanagement der Universität St. Gallen steigt die Unternehmensleistung um 15 %, wenn die Mitarbeiter mental gesund sind. Dies gilt wohl nicht nur für die Leistung in Unternehmen. Gesundheit umfasst Körper, Geist und Seele und beinhaltet Ernährung, Bewegung und Entspannung. All dies führt im Idealfall zur Glücksfähigkeit, der Fähigkeit, Glück zu erleben.

4.1 Körper, Geist und Seele

▶ **Gesundheit** ist ein Zustand völligen körperlichen, seelischen und sozialen Wohlbefindens und nicht nur das Freisein von Krankheit und Gebrechen. Gesundheit ist eine Ressource für das tägliche Leben. Sie ist ein positives Konzept, welches soziale und persönliche Ressourcen gleichermaßen betont. Ein guter Gesundheitszustand ist eine wesentliche Bedingung für soziale, ökonomische und persönliche Entwicklung und ein entscheidender Bestandteil der Lebensqualität.

Exkurs: Gesamtheitliche Heilmethode Polarity (siehe Abb. 4.1)
Warum nicht mal anders? Polarity ist in der Schweiz eine von den Krankenkassen anerkannte gesamtheitliche Methode. Polarity fördert ganzheitlich die Gesundheit und ist mehr als nur eine alternative Heilmethode. Es ist eine bewährte, vielfältige Methode zur Unterstützung der Selbstheilung und Persönlichkeitsentwicklung. Sie betrachtet den Menschen als Einheit von körperlichen, seelischen, geistigen und energetischen Aspekten. Polarity vermittelt Lebensorientierung und fördert BewusstSein, Achtsamkeit, Eigenverantwortung und Gesundheit. Dabei wird auf fünf Säulen aufgebaut: Innere Achtsame Haltung, begleitendes Gespräch, Körperarbeit mit gezielten Berührungen, einfache

Abb. 4.1 Polarity-Beispiel Reflexzonen

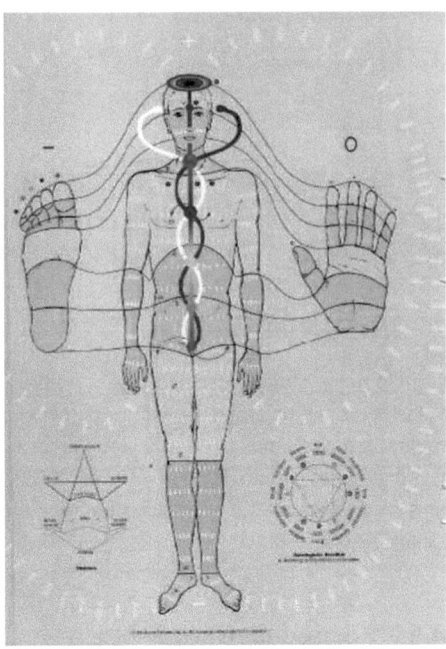

Körperübungen und die Gesundheit aufbauende Ernährung. Polarity unterstützt die Balance in allen Lebensbereichen wie Beruf, Freizeit und Familie. Es hilft bei Migräne, Stress, Verspannungen und Schmerzen, sowie nach Unfällen und Krankheit. Es kann auch als Vorbeugung gegen Krankheit oder zur Begleitung persönlicher und emotionaler Prozesse eingesetzt werden.

Die Definition von Gesundheit umfasst die **Balance von Körper, Geist UND Seele**! Diese drei Bereiche sind im Schmetterling für Work-Life-Balance auf vier Flügel abgebildet worden: Erstens die Seele als *Lebensvision*, zweitens der Körper als *Körper & Gesundheit* und drittens der Geist wurde zeitgemäß aufgeteilt auf die zwei Bereiche *soziales Umfeld* sowie *Beruf & Business*. Sich dabei frei entfalten ohne ungesunde Konditonierungen führt zu Gesundheit. Leider lassen wir uns allzu oft von Glaubenssätzen, Einschränkungen, Mustern sowie Ängsten und aus Trotz davon abhalten.

Körperliche Beschwerden lassen sich meistens auf psychologische Ursachen in einem der vier Flügeldimensionen zurückführen. So gesehen, ist beispielsweise Burnout eine *gesunde* Reaktion des Körpers auf ein *ungesundes* Verhalten. „Wenn ich mich nicht um meinen Körper kümmere, dann tut er es selber".

Interessant; die umsatzmäßigen Wachstumsmärkte sind für Antidepressiva, Gefängnisse, Luxusjachten, private Sicherheitsdienste und Schönheitschirurgie. Diese Märkte wachsen weltweit. Ist das erfreulich? Das Wachstum dieser Märkte ist nur ein Symptom für die Ursachen, welche auf Depression (→ Antidepressiva), Gewalt (→ Gefängnisse), Maßlosigkeit (→ Luxusjachten), Angst (→ private Sicherheitsdienste) und Minderwertigkeit (→ Schönheitschirurgie) hinweisen.

Ist Krankheit ein Zeichen unserer egoistischen Ich-orientierten Zeit?

„If we replace ‚I' with ‚We', even **Illness** becomes **Wellness**."

> **Erfahrung: Wenn Schmerzen sprechen könnten**

Vor rund 15 Jahren, arbeitete ich sehr viel. Ich hatte wöchentlich Migräne, Verdauungsbeschwerden und einen akut operationsreifen Tennisarm. Ich war aufgerüttelt, es musste etwas geschehen. Intuitiv bin ich für ein paar Wochen in ein Meditationszentrum nach Indien geflogen. Ohne Witz, alle Beschwerden sind bereits auf dem Flug verschwunden. Ich würde es nicht glauben, wenn ich es nicht selber erlebt hätte. Damit hat mein Aufwachprozess begonnen. Ich bin mir meiner eigenen Verhaltensweisen immer mehr bewusst geworden. Dieser Prozess verläuft übrigens nicht nur einfach; Trauer, Wut, doch manchmal auch ein Schmunzeln gehören dazu.

Selbsterkenntnis heißt übrigens nicht, alles über sich selber spüren, überlegen und studieren über sich. Im Gegenteil: Es geht darum, sich selber zu beobachten, sich bewusst zu werden. Dies führt im Idealfall eben genau vom Selbst, vom Sich-um-sich-selbst-drehen, vom Ego weg. Dazu ist Unterstützung nötig, sei es durch einen Achtsamen Freund oder Achtsame Freundin, einen Coach oder durch die Teilnahme in einem Seminar. Ich kann dies aus persönlicher Erfahrung empfehlen.

Ich lese gerade neue Studien, die besagen, dass bereits 20 % der Beschäftigten Burnout-ähnliche Symptome aufzeigen und rund ein Fünftel der Schweizer Depressionen haben. Das macht mich einfach sprachlos. Was braucht es noch? Leider scheinen viele erst durch Schmerz zur Einsicht zu gelangen. Nötig wäre das allerdings nicht.

4.2 Ernährung und Fasten

▶ **Ernährung** umfasst als wichtiger täglicher Faktor zur Aufnahme von Energie die bewusste Wahl von die Gesundheit aufbauenden Nahrungsmitteln sowie eine regelmäßige Reinigungsdiät zur Entschlackung des Körpers

Essen als Ablenkung? Das Loch im Herzen lässt sich sehr gut mit Essen stopfen. Doch ist das wirklich eine Lösung? Schweizer lieben **Schokolade**. Gerade habe ich gehört, dass die Schweiz im Verhältnis weltweit am meisten Schokolade isst. Gesunde Ernährung ergibt sich im Selbsterkenntnis-Prozess zur seiner stimmigen Identität natürlich. Das Essen isoliert zu sehen, wäre eine Symptombekämpfung. Außerdem unterscheidet es sich wesentlich, was unter gesundem Essen überhaupt zu verstehen ist. Unsere durchschnittlichen Essgewohnheiten sind global gesehen, mit den Auswirkungen, ziemlich ungesund. Menschen haben wie alle Lebewesen eine natürliche Fähigkeit zu wissen, welche Nahrung sie brauchen. Die Werbung, Gewohnheiten und zu *industrielle* Nahrung führen diese Fähigkeit leider in die Irre. Mit Kreativität, Bewusstsein und Wahrnehmung können wir schrittweise zu ihr zurückfinden. Nahrung ist Energieträger und damit auch Träger von **Lebensenergien**.

Die Nahrungsmittel werden oft, wie in der Abb. 4.2 dargestellt, fünf Elementen zugeordnet, wobei vollwertige und naturbelassene Nahrungsmittel vorgezogen werden. Die **Nahrung** hat unterschiedliche Qualitäten von Energien; so gibt es kühlende Wassernahrungsmittel oder auch stimulierende Feuernahrungsmittel. Daneben gibt es auch ungesunde, energieraubende Nahrungsmittel wie industriell verarbeitete Nahrungsmittel (bsp. weißer Zucker), *Fastfood* oder Fertigmahlzeiten. Je nach Jahreszeit, Klima, Aktivitäten und Konstitution macht es Sinn, die Ernährung entsprechend individuell zusammen zu setzen. Beispielsweise wärmen länger gewachsene Nahrungsmittel wie Karotten, Kohl oder Rüben auch nach dem Verzehr länger. Kühlende Nahrungsmittel wie Tomaten oder Wassermelonen sind eher im Sommer zu genießen.

Im Gegensatz zu Tieren essen wir oft auch gemäß unserem emotionalen Zustand, aus Wut, aus Trauer oder einfach aus einer Stresssituation oder Gewohnheit. Täglich geht es aber darum herauszufinden, welche Nahrung uns im Moment wirklich gut tut. Das zu üben kann ganz lustvoll sein. Ernährung soll uns darin unterstützen, möglichst im Einklang mit unserem inneren Wesen zu leben. So gesehen verlangt jeder Tag eine andere **Ernährung**. Die einzige Person, die wirklich weiß, welche Ernährung richtig ist, sind wir selbst. Ernährung ist eine Kunst, welche das Erkennen eigener Bedürfnisse, innere Reinigung und Achtsamkeit beinhaltet. Das Gegenteil einer bewussten und kreativen Ernährung ist das beiläufige Essen, auch bekannt als *Fastfood*. Es wird schnell gekocht und schnell gegessen. Essen ohne Bewusstsein verursacht Stress. Wenn wir unregelmäßig oder gar nicht mehr essen, kann der Darm nicht mehr vollständig verdauen. Nicht vollständig Verdautes stapelt sich im Darm, gärt vor sich hin; Gifte entstehen.

Zur regelmäßigen Entschlackung und Reinigung von Giften gibt es Reinigungsdiäten. Diese bieten eine wunderbare Möglichkeit, sich das Essen wieder bewusster zu machen – wenn das auf Achtsame Weise geschieht! Anstatt sich bewusstlos

4.2 Ernährung und Fasten

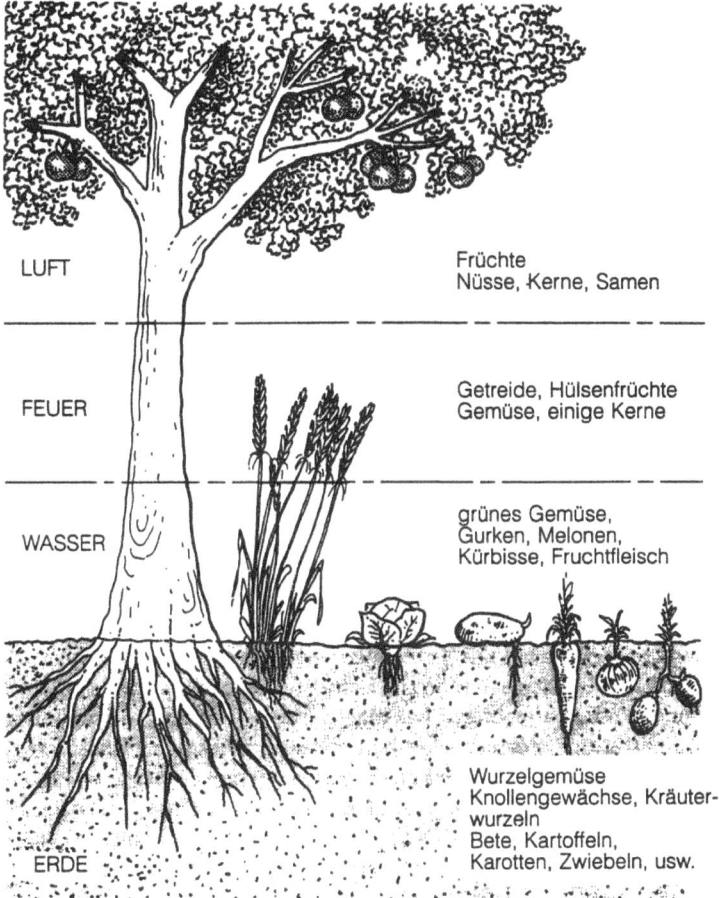

Abb. 4.2 Nahrungsmittel nach Elementen

auf die Diäten-, Fasten- und Reinigungshysterie einzulassen, ist es besser, einen klaren persönlichen Entscheid zu fassen. «Will ich entschlacken?» Und wenn ja: «Wie und wann?» Wählen Sie den richtigen Zeitpunkt. Wann der beste Moment ist, wissen nur Sie alleine. **Reinigen und Fasten** sind etwas Natürliches. Der Körper macht es bei Krankheit automatisch, wenn man es versteht, auf ihn zu hören – bei Kindern und Tieren geschieht es noch natürlicher. Laut Duden bedeutet Fasten der freiwillige Verzicht auf Nahrung und Genussmittel für eine begrenzte Zeit. Die herkömmlichen Formen des Fastens sind: Wasser-, Tee-, Molke-, Saft-, Schleimfasten und kombiniertes Fasten. Auch gibt es Reinigungen, bei denen vorwiegend ungesalzenes Gemüse, Salate und Obst gegessen werden. Fasten kann aber auch sein, eine Zeit lang nicht Fernsehen zu schauen, keine Computergames zu spielen, keine Emails zu bearbeiten oder keine Dauerberieselungs-Musik zu hören. Sowohl beim konventionellen wie auch beim individuellen Fasten finden wir zurück zur natürlichen Fähigkeit zu wissen, was wir wirklich brauchen.

4.3 Burnout-Prävention

▶ Ein **Burnout-Syndrom** (engl. *burn out: ausbrennen*) ist ein Zustand ausgesprochener emotionaler Erschöpfung mit reduzierter Leistungsfähigkeit, das als Endzustand einer Entwicklungslinie bezeichnet werden kann, die mit idealistischer Begeisterung beginnt und über andauernd frustrierende Erlebnisse zu Desillusionierung, Enttäuschung und Apathie, psychosomatischen Erkrankungen und Depression oder Aggressivität und einer erhöhten Suchtgefährdung führt.

Der Begriff **Burnout** hat zwar erst seit wenigen Jahren einen Namen, aber zweifellos eine lange Geschichte: Schon Thomas Mann berichtet in seinem Roman *Die Buddenbrooks* über einen Menschen, der sich für Ziele im Übermaß engagierte und später an enttäuschten Erwartungen ausbrannte. Und bereits vor über 150 Jahren hat Dostojewski darüber geschrieben. Der deutschstämmige Psychoanalytiker H.J. Freudenberger prägte 1974 den Begriff *Burnout* für die Beschreibung des psychischen und physischen Abbaus von Beschäftigten.

Wie Stress krank macht: Burnout ist ein schleichender, meist unbemerkter Prozess, oft als die in Abb. 4.3 dargestellten 12 Phasen ins Burnout bezeichnet, mit vielen über 100 Symptomen wie Schlafstörungen, Kopfschmerzen, Migräne, Albträume, Schwindel, Müdigkeit, Körperliche Erschöpfung, Schweißausbrüche, Gereiztheit, Aggressionsausbrüche, Resignation, Rückzugstendenzen, soziale Vereinsamung, Ängste (Versagen), Antriebslosigkeit (Nichts macht mehr Spaß), Hoffnungslosigkeit, Ernüchterung, körperliche Symptome wie Verdauungsstörungen, Bauchweh, Atemnot, Herzschmerzen, Muskelverspannungen, Rückenschmerzen, Infekte sowie Anfälligkeit. Auch steigender Konsum von Alkohol, Nikotin, übermäßiges Essen oder unbefriedigender Sex mit allen begleitenden Problemen können Anzeichen für Burnout sein. **Risikofaktoren** für Burnout finden wir im beruflichen und im privaten Umfeld:

- **Arbeitsbezogene Merkmale**: hohe Leistungsbereitschaft, übermäßige Arbeitszeiten, fehlende andere Lebensschwerpunkte, hohe Arbeitsbelastung und Zeitdruck, Häufigkeit und Dauer von Klienten- oder Kundenkontakten, nicht optimale Arbeitsprozesse, Hamsterrad-Kultur

4.3 Burnout-Prävention

Die 12 Phasen der Erschöpfung

1	Der Zwang, sich zu beweisen	Der Betroffene erledigt seine Arbeit mit großer Begeisterung. Allerdings überschätzt er sich dabei oft und vernachlässigt seine Bedürfnisse.
2	Verstärkter Einsatz	Um den eigenen hohen Ansprüchen zu genügen, wird noch mehr Energie in die Arbeit gesteckt. Das Gefühl, unentbehrlich zu sein, wächst. Deshalb werden Aufgaben nur selten delegiert.
3	Vernachlässigung eigener Bedürfnisse	In diesem Stadium tritt das Verlangen nach Ruhe, Schlaf und Regeneration, aber auch der Wunsch nach Sex immer weiter zurück. Häufig nimmt der Konsum von Alkohol, Nikotin und Kaffee zu.
4	Verdrängung von Konflikten und Bedürfnissen	Um arbeitsfähig zu bleiben, blendet der Betroffene die Ansprüche seines Körpers aus. In dieser Phase nehmen Unpünktlichkeit, Vergesslichkeit und andere Fehlleistungen zu.
5	Umdeutung von Werten	Alte Grundsätze gelten nicht mehr viel, Freundschaften und berufliche Beziehungen werden zur Belastung.
6	Verstärkte Verleugnung von Problemen	Das Verhalten in den vorherigen Phasen löst Schwierigkeit aus, die wiederum verdrängt werden. Der Betroffene fühlt sich nicht anerkannt und geht nur noch ungern zur Arbeit. Er leidet erstmals unter deutlichen Leistungsschwächen und körperlichen Beschwerden.
7	Rückzug	Ein Gefühl der Orientierungs- und Hoffnungslosigkeit macht sich breit. Alkohol und Medikamente, aber auch Essen und Sex dienen als Ersatzbefriedigung. Das soziale Umfeld wird als bedrohlich und überfordernd empfunden.
8	Deutliche Verhaltensänderung	Der Betroffene wird unflexibel im Denken und Verhalten. Selbst wohlgemeinte Kritik akzeptiert er nicht und bewertet sie als Angriff. Er zieht sich immer weiter zurück.
9	Verlust des Gefühls für die eigene Persönlichkeit	In dieser Phase fühlt sich der Betroffene wie abgestorben und von seinem Wesen entfremdet. Es kommt ihm vor, als würde er nur noch wie eine Maschine funktionieren.
10	Innere Leere	Mutlos und ausgezehrt bewältigt der Betroffene seinen Alltag. Oft leidet er unter Angst und Panikattacken. Mitunter versucht er, seine Probleme mit Kauftouren, Fressorgien und exzessivem Sex zu bewältigen.
11	Depression	Dauerhafte Verzweiflung und Niedergeschlagenheit stellen sich ein. Spätestens jetzt kommen Selbstmordgedanken auf.
12	Völlige Burnout-Erschöpfung	Die nachhaltige geistige, körperliche und emotionale Müdigkeit lähmt und gefährdet das Leben: das Immunsystem ist angegriffen, die Gefahr von Herz-Kreislauf-Erkrankungen und Magen-Darm-Leiden steigt erheblich. Die Suizidgefahr ist groß.

Abb. 4.3 Die 12 Phasen der Erschöpfung (Freudenberger et al.)

- **Persönlichkeitsbezogene Merkmale**: ungesunde Konditonierungen wie Perfektionsstreben, Präsenzkultur, Karriere- und Prestigeglaube, Konkurrenz und Wachstumsillusion als nicht hinterfragte persönliche Werte

> **Erfahrungsbericht: Einsichten**
>
> Mein Freund B.P. erzählt mir: „Für mich ist Selbsterkenntnis nicht etwas Abschließendes. Es ist kein Ziel, das es für mich zu erreichen gilt. Ich bin auf dem Weg und beobachte. Die Erkenntnis besteht insbesondere darin vermehrt aus anderen Winkeln zu sehen. Ich erkenne immer bewusster, dass es nicht nur eine Sichtweise gibt. Nur mit höchster Achtsamkeit und Gelassenheit kann man das alles sehen. Manchmal ist der Weg zur Selbsterkenntnis steinig und hart. Für mich ist es jeweils immer noch schwer zu ertragen, wenn ich mich in meinem Sohn wiedererkennen darf. Auf den ersten Blick ist manches zwar widersprüchlich. Das kann ärgerlich sein. Etwas nicht zu verstehen, kann mich sogar wütend machen. Diese Widersprüche lösen sich erst auf, wenn ich mir klar werde, dass mein Verstand diese selber produziert, indem er bewertet, misst und beurteilt. Das ist für mich eine zentrale Erkenntnis. Eine weitere Erkenntnis ist, dass ich die Verantwortung für mein Handeln trage und zwar immer. Heute weiß ich, dass es für mich immer eine weitere Option gibt. Vielleicht sehe ich diese im Moment nicht, aber sie ist da. Das macht mich gelassen und zufrieden."

4.4 Glücksfähigkeit und Stolpersteine

> **Erfahrungsbericht – Aufgehoben sein**
>
> Ein befreundeter Sozial- und Wirtschaftswissenschafter schildert mir ein Schlüsselerlebnis in seinem Leben und die Folgen davon: „Mit 16 Jahren hatte ich ein besonderes Erlebnis während einer schriftlichen Prüfung, wo mir wichtiges Wissen einfach zugeflossen ist. Seither weiß ich, dass ich im „größeren Ganzen unserer Existenz" gut aufgehoben bin. Mein ganzes Leben habe ich mich daher privat und beruflich bemüht, anderen Menschen zu helfen. Ich habe als Manager und Professor gearbeitet. Aus diesen Berufen bin ich ausgestiegen, um mir selbst treu sein zu können, und habe meine eigenen Methoden zur einfachen, aber menschlichen Prozessentwicklung entwickelt. Diese Freiheit, authentisch zu tun, was ich für richtig halte, hat auch seinen Preis. Sie hat mir viele große und unangenehme Herausforderungen beschert. Doch mit jeder bin ich persönlich gewachsen. Ohne diese Herausforderungen und ohne bewusste Reflexion, also sozusagen durch ein glattes Leben, wäre ich wahrscheinlich in meiner Entwicklung stehen geblieben. Mein Anliegen, mehr Menschlichkeit ins Business zu bringen, bringt mich gerade wieder gesundheitlich und finanziell an neue Grenzen. Doch kann ich ganz klar sagen: Selbsterkenntnis und die damit verbundene Entwicklung ist für mich zu einem wichtigen Lebensziel

geworden. Obwohl das Leben gerade wieder in diesen Tagen für von außen gesehen unmögliche Situationen sorgt, spüre ich ein schützendes Aufgehoben-Sein und inneren Frieden. Ich will mir deshalb weiterhin treu sein."

Die meisten Ökonomen sind besessen von finanziellen und wirtschaftlichen Kennzahlen, nicht so der Australier Ross Gittins. In seinem Buch *The Happy Economist* argumentiert er für ein anderes Vorgehen. Er sagt dass, Happiness oder Glücklichsein die wichtigste Kennzahl für den wirtschaftlichen Erfolg ist. Er bezieht sich sowohl auf psychologische als auch ökonomische Studien. Auch der Schweizer Ökonom Mathias Binswanger fasst in seinen Büchern über die *Tretmühle des Glücks* und *Sinnlose Wettbewerbe* die Situation treffend zusammen: „Mehr Wirtschaftswachstum bringt mehr Geld. Wer mehr Geld hat, kann sich Wünsche besser erfüllen. Aber machen ein Sportwagen oder eine Luxusyacht glücklich? Forschungsergebnisse sagen: Nein!" Binswanger macht deutlich, dass wir in einer Gesellschaft leben, die Glück geradezu verhindert. Wie entgehen wir den Tretmühlen der Glücksverheißung: mehr Einkommen, Status, immer neue Chancen, immer noch mehr Zeitersparnis? Binswanger ergänzt: „Je mehr Wettbewerb – umso besser? Schließlich soll sich doch der, die oder das Beste durchsetzen. Also versucht man, auch dort, wo es keinen Markt gibt, künstliche Wettbewerbe zu inszenieren. Diese Produktion von Unsinn schafft zwar Arbeitsplätze, hat jedoch fatale Folgen für Wirtschaft und Gesellschaft: Sinn wird durch Unsinn verdrängt, Qualität durch Quantität." In diesem Zusammenhang wird auch vom **Glücks-Einkommen-Paradox** (dem Easterlin-Paradox) gesprochen. Ab 60 000 Euro macht Einkommen nicht glücklicher. Vielleicht ist das auch eine Schwelle, über der es den Menschen nicht mehr möglich ist, das zu tun, was für das emotionale Wohlbefinden am meisten zählt: Zeit mit Freunden und der Familie verbringen oder die freie Zeit genießen.

Ein besonderes Beispiel: Bhutan hat statt des Bruttosozialprodukts bereits seit längerem die Messgröße **Bruttonationalglück**. In der Verfassung Bhutans ist das Streben nach Glück mittlerweile als Staatsziel verankert. Das ist übrigens auch in den USA der Fall; seit 1776! Und Robert Kennedy wird heute gerne mit der Aussage zitiert: „Das Bruttosozialprodukt messe alles außer dem, was das Leben lebenswert mache."

Was steht der **Glücksfähigkeit**, der Fähigkeit, wirklich wahrzunehmen und zu akzeptieren, im Weg? Es sind die drei, in Abb. 4.4 dargestellte, miteinander verbundene **Stolpersteine**. Sobald ich mit etwas nicht einverstanden bin, so taucht das **Autoritätsproblem** auf. Ich bin dann nicht mehr einverstanden, wie es eben gerade ist. Das Autoritätsproblem ist überhaupt die größte Herausforderung der Menschen. Wie oft wollen wir es anders haben als es momentan ist? Dies geschieht in allen Bereichen des Lebens, sei es im Beruf, in der Beziehung, mit der Gesundheit oder mit dem Sinn des Lebens.

Die 3 Herausforderungen für Menschen und damit Stolpersteine zum Glück:	
1 **Autoritätsproblem (Widerstand)**	nicht einverstanden sein mit dem was ist
2 **Suchttendenz (Abhängigkeit)**	Schmerz vermeiden und Vergnügen suchen
3 **Besitzdenken (Opferhaltung)**	Kontrolle und künstliche Strukturen

Abb. 4.4 Die 3 Herausforderungen für Menschen

Um dieser Situation, dieser Nicht-Akzeptanz, zu entfliehen entsteht das Muster *Schmerz vermeiden und Vergnügen suchen*. Das Resultat daraus ist die zweite große Herausforderung, nämlich die **Suchttendenz**. Sucht nach Ablenkung, Aktivitäten, Vergnügen, Arbeit, Sex, Essen oder Erfolg. All dies führt natürlich nur zu einem seichten, oberflächlichen Ablenken vom Wesentlichen. Hier in Balance zu bleiben scheint bereits recht aussichtslos.

Daraus resultiert die dritte große Herausforderung der Menschen, das **Besitzdenken**. Man versucht die entstandene Verwirrung aus Autorität und Sucht zu kontrollieren, es wird eine Ordnung aufgesetzt, künstliche Strukturen werden aufgebaut, auch Eifersucht entsteht; dies wiederum in allen Lebensbereichen. Eifersucht enthält Angst, Hass und Schmerz; alles verdrängte Gefühle. Daraus entsteht die ego-zentrierte Persönlichkeit. Diese Energien beherrschen leider momentan den ganzen Erdball.

Die Auflösung wäre, sich dem zu stellen, was ist; sich der Selbsterkenntnis anzunehmen, zu sehen, zu fühlen und dann zu handeln. Daraus entsteht die erwachte, erwachsene, ganze Persönlichkeit. Und wie wäre es dann damit; *trotz* allem glücklich zu sein?

Soziales Umfeld 5

Zum sozialen Umfeld gehören Partner, Kinder, Familie, Verwandte, Freunde und weitere Beziehungen bis hin zu Gemeinschaften, sei es eine Lebensgemeinschaft oder auch Arbeitsgemeinschaften (bsp. auch Schulen oder Teams in Unternehmungen). Es geht auch um den Unterschied von Gefühlen und Emotionen.

5.1 Beziehung – Partnerschaft – Gemeinschaft

Erfahrungsbericht: Beziehung & Gemeinschaft – Selbsterkenntnis als Schlüssel

S.E. fasst ihre Erlebnisse zusammen: „Bereits der erste Kontakt mit echter Selbsterkenntnis in einem Seminar hat mein ganzes Leben, meine Ausrichtung geändert. Dieser sofortige Durchbruch ist ein Glücksfall für mich. Ich habe damals mein bisheriges Leben in Konditionierungen und ungesunden Mustern durchschaut. Ich habe gesehen und gespürt, es gibt definitiv mehr als Materielles, Macht und Karriere. Kooperation statt Konkurrenz wollte ich leben. Ehrliche Freundschaft hat mich durch und durch berührt. Folglich habe ich Klarheit geschaffen, in meinem Leben aufgeräumt mit Mustern und unechten Beziehungen. Vieles machte plötzlich Sinn. Damit dies nicht nur eine kurze Erfahrung an einem Seminar blieb, war für mich klar, ich werde in einer Gemeinschaft leben mit Gleichgesinnten. Schluss mit dem isolierten Leben, dem Vermeiden von Schmerz und Heilung, dem unstimmigen Suchen nach Ablenkung und Vergnügen. Seit fast 10 Jahren lebe ich nun in einer Gemeinschaft, einer Wohn- und Lebensgemeinschaft, wo jeder weiterhin seinen Tätigkeiten nachgeht. Wir sind ungefähr 100 Erwachsene und etwa gleichviele Kinder. Für Kinder ist es hier sehr lebendig und anregend mit so vielen anderen Kindern und Bezugspersonen. Wir leben hier in Laufdistanz in Häusern oder Wohnungen zusammen und sind miteinander unterstützend unterwegs. Jeder für sich in seinem Leben und doch zusammen. Wir treffen uns regelmäßig und tauschen uns ehrlich aus. Es gibt dabei auch Spannungen, Konfrontationen und Diskussionen. Doch macht es insgesamt in diesem Rahmen, in diesem intensiven Feld, Achtsamer, freundschaftlicher und lebendiger. Selbsterkenntnis macht für mich an sich schon Sinn. Worum geht es? Wo stehe ich? Was ist mein Beitrag? Wie kann ich dem Ganzen zudienen und helfen? Selbsterkenntnis ist die Basis für alles Weitere. Mich nicht mehr in einer nebligen Eigenwelt zu bewegen, macht mich ausgeglichener. Das Ringen um echte Gemeinschaft nährt mich und gibt mir persönlich Kraft. Manchmal ist es auch schwierig, sehr sogar, doch es schafft ehrliche und wirkliche Beziehung sowie Ordnung in meinem Leben und öffnet mein Herz mehr und mehr. Das macht für mich einfach Sinn."

Beziehung ist der Spiegel, in dem wir uns selbst so sehen, wie wir sind. Krishnamurti

Jede dritte Ehe scheitert; in Großstädten sogar jede zweite. Tendenz steigend!

Beziehung Im Kindesalter entsteht meist eine seltsame Liebesbeziehung mit den Eltern. Aufgrund von Bedürfnissen und Defiziten entstehen so die Verhaltensweisen und Konditionierungen. Wir lernen auf eine eigene Art das *Lieben* resp. *Geben und Nehmen*. Mit anderen Worten, wir suchen einen Partner, welcher die Rolle der Mutter resp. des Vaters einnimmt. So paradox es klingt, wir suchen oft den Partner, welcher uns *unglücklich* macht. Man wechselt regelmäßig den Partner, sogenannte *serielle Monogamie*, anstatt den Ursachen auf den Grund zu gehen. Damit füllt sich das seit Kindheit bestehende *Loch im Herzen* immer wieder mit dem neuen Partner. Unbefriedigende Abhängigkeiten, oft Streit oder Rückzug und Unzufriedenheit sind die Folgen.

Um aus diesem Teufelskreis auszubrechen, bedarf es Selbsterkenntnis; am besten von beiden Partnern. Zusammen können die vielen gesellschaftsbedingten Konditionierungen im Bereich Partnerschaft, Sexualität und Beziehung aufgelöst werden, insbesondere die **3 Hauptängste:**

1. die Angst, **verrückt zu werden** (*Wahnsinnspunkt*)
2. die Angst vor dem **Loslassen** (*Sterbepunkt*, u. a. unterdrückter *Orgasmusreflex*)
3. die Angst vor dem **Sterben** (physischer Tod)

Gute Partnerschaft besteht aus **Chemie** (wie es sich anfühlt, Sympathie, Empathie, Wärme, Intimität, Herzqualität), **Maturität** (wie man miteinander umgeht, Selbst-

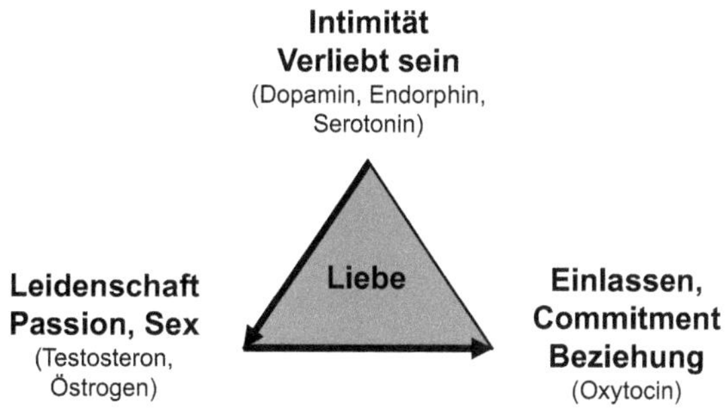

5.1 Beziehung – Partnerschaft – Gemeinschaft

Abb. 5.1 Liebesdreieck

```
                    Intimität
                   Verliebt sein
                 (Dopamin, Endorphin,
                      Serotonin)

   Leidenschaft        Liebe        Einlassen,
   Passion, Sex                     Commitment
   (Testosteron,                    Beziehung
    Östrogen)                       (Oxytocin)
```

erkenntnis-Stand, Makellosigkeit, Achtsamkeit), **Verfügbarkeit** (wie man sich einlässt, ob und das man wirklich miteinander will, Leidenschaft, Unverbrüchlichkeit).

Liebes-Dreieck Robert Sternberg gibt mit seinem in Abb. 5.1 dargestellten Liebes-Dreieck auch interessante Hinweise, warum wir Leidenschaft wollen und Bindung bekommen. Hormone sind Botenstoffe, denen wir ausgeliefert zu sein scheinen. Wenn wir uns verlieben wird u. a. das *Glückshormon* Serotonin ausgeschüttet, welches uns die ganze Welt in rosarot sehen lässt. Als nächstes wird u. a. Testosteron ausgeschüttet und wir verfallen einer großen Leidenschaft. Schließlich wird das Bindungshormon Oxytocin ausgeschüttet, welches uns in eine Beziehung führt. Unglücklicherweise sorgen diese Hormone auch dafür, dass ein anderes eben nicht mehr ausgeschüttet wird. Und so landen wir in der *Beziehungsfalle* ohne Intimität und Leidenschaft (*Goldener Beziehungskäfig*). Doch auch hier kann Selbsterkenntnis weiterhelfen, um Leidenschaft und Intimität wieder in die Beziehung zu bringen.

Gemeinschaft Scott Peck fand heraus, dass sich Gruppen, wenn sie arbeits- oder beziehungsfähig werden wollen, klassischerweise durch vier Entwicklungsphasen bewegen, die er **Pseudogemeinschaft, Chaos, Leere** und **authentische Gemeinschaft** nannte. Wenn Gruppen imstande sind zu erkennen, in welcher Phase sie sich gerade befinden, und wenn die Merkmale und anstehenden Aufgaben, die mit jeder Phase verbunden sind, verstanden werden, können sie viel authentischer und effektiver kommunizieren, zusammenleben oder zusammenarbeiten. Die gilt sowohl bei der Bildung von Beziehungen, Partnerschaften, (Arbeits-) Teams, Gruppen und Gemeinschaften.

5.2 Schule & Lernen

> Die Geschichte lehrt die Menschen, dass die Geschichte die Menschen nichts lehrt.
> (Mahatma Gandhi)

Eine Schule ohne Pausenglocken, keine Fächer, keine Noten, freies individuelles Lernen! Können Sie sich das vorstellen? Solche Schulen gibt es bereits und die Schüler und Schülerinnen sind keineswegs weniger ausgebildet. Im Gegenteil, in solchen Schulen wird das Fachwissen mit dem Sozialverhalten und der persönlichen Entwicklung gleichgesetzt. Es wird fürs Leben gelernt und nicht für Prüfungen. Es geht nicht um die übliche *Osterhasenpädagogik*, wo die Schüler absichtlich verstecktes Wissen suchen.

Es sind Schulen, die Kinder und Jugendliche hungrig machen und nicht satt. Schulen, die anziehende Orte geworden sind, und nicht müde oder überdrüssig machen. Diese haben Raum und Zeit des Lernens neu vermessen. Sie sind *Treibhäuser der Zukunft*. Sie riskieren das Selbstverständliche: **Lernen ist eine Aktivität der Schüler.**

Nach der großen Irritation durch PISA (*Programme for International Student Assessment* gegen Ende der Pflichtschulzeit) sind viele deutsche Pädagogen und Politiker nach Skandinavien, Kanada und andere Länder, die bei PISA gut abschnitten, gefahren. Sie waren verblüfft, wie sehr es dem Lernen bekommt, wenn Schulen Lebensorte sind. Die Schweizer Schuler und Schülerinnen waren zwar auch überdurchschnittlich, aber mit großem Abstand zur Spitze. Nach dem Ende der Schulzeit wollen viele nie mehr etwas mit Fächern wie Physik oder Chemie zu tun haben. Woran liegt das?

John Taylor Gatto war 30 Jahre Lehrer in New York und erhielt mehrfach Auszeichnungen als Lehrer des Jahres. Er zieht nun in seinem Buch eine niederschmetternde Bilanz für seinen Beruf sowie über die individuellen und gesellschaftlichen Folgen von allgemeiner Schulpflicht (Abb. 5.2): **Die Schule *verdummt*!** Lehrpersonen unterrichten nicht Fächer sondern Schule resp. eine Ideologie. Das löste in den USA eine Schockwelle an Diskussionen über das Prinzip Schule aus. Er spricht vom unsichtbaren universellen Lehrplan der auf zentralisierte *Massenproduktion* von zukünftigen Konsumenten und Arbeiterschaft ausgerichtet ist, die sich über den Erwerb von Dingen, durch den Besitz von Sachen, definieren. Bequemlichkeit, Sicherheit und Status seien anzustreben. Die Lernenden würden auf die totale Akzeptanz der Verwaltung getrimmt, um lebenslang kindisch gehalten zu werden. Das System brauche unmündige Erwachsene.

Richard D. Precht spricht vom *Verrat* des Bildungssystems an unseren Kindern. Die Schulen überfrachten sie mit Wissensstoff, den sie für ihr Leben kaum brauchen. Statt ihnen dabei zu helfen, Neugier, Kreativität, Originalität, Orientierung

5.2 Schule & Lernen

Was Kinder wirklich lernen in der Schule, die sieben Lektionen des Lehrers
1. Lektion: *Verwirrung als Schicksal akzeptieren* (Lehrer unterrichten die Beziehungslosigkeit von allem, alles wird aus dem Zusammenhang gerissen.)
2. Lektion: *Gesellschaftliche Schichtung* (Lehrer vermitteln die unentrinnbare Zugehörigkeit zu einer bestimmten Schicht resp. Kaste.)
3. Lektion: *Gleichgültigkeit* (Die Lektion der Pausenglocke ist, dass es keine Arbeit gibt, die es wert ist, zu Ende geführt zu werden; das Einzige, was zählt, ist der erfüllte Lehrplan.)
4. Lektion: *Emotionale Abhängigkeit* (Kinder lernen, sich der vorbestimmten Befehlskette zu unterwerfen durch Bestrafung und Belohnung; Rechte existieren nicht.)
5. Lektion: *Intellektuelle Abhängigkeit* (Dies ist die wichtigste Lektion: Gute Schüler warten darauf, dass Experten ihnen sagen, was sie tun und denken sollen; Neugier hat keinen Platz, nur Konformität. Die ganze Wirtschaft hängt davon ab, dass diese Lektion gelernt wird.)
6. Lektion: *Labiles Selbstbewusstsein* (Auswertung und Beurteilung führen dazu, dass die Selbstachtung von Experten abhängt, denn Selbstvertrauen und Anpassung gehen nicht zusammen. Selbsteinschätzung, der Grundstoff jedes bedeutenden philosophischen Systems, das jemals auf dem Planeten in Erscheinung getreten ist, wird nie als Faktor in Betracht gezogen.)
7. Lektion: *Man kann sich nicht verstecken* (Ständige Beobachtung und Überwachung, keine Privatsphäre und private Zeit, Hausaufgaben zur erweiterten Überwachung. Kinder müssen engmaschig überwacht werden, wenn man eine Gesellschaft unter strenger Kontrolle haben will.)

Abb. 5.2 Was wirklich in den Schulen gelehrt wird (nach Gatto)

und Teamgeist für eine immer komplexere Welt zu erwerben, dressieren wir sie zu langweiligen Anpassern. Demgegenüber stehen die Erkenntnisse der modernen Entwicklungspsychologie, der Lerntheorie und der Hirnforschung, die an unseren Schulen bis heute kaum berücksichtigt werden. Denn nur was mit Neugier gelernt wird, wird unseren Kindern wichtig und bedeutsam. Kinder wissen, wann sie was und wie lernen wollen. Precht fordert: „Wir brauchen keine weitere Bildungsreform, wir brauchen eine **Bildungsrevolution!**" Die Abb. 5.3 zeigt, was Kinder lernen und wie es aussehen könnte.

Der bekannte Gehirnforscher, Pädagoge und Autor **Gerald Hüther** plädiert für ein radikales Umdenken: Er fordert den Wechsel von einer Gesellschaft der Ressourcennutzung zu einer Gesellschaft der **Potentialentfaltung**, mit mehr Raum und Zeit für das Wesentliche. Zudem sagt er: „Jedes Kind ist hoch begabt, wir müssen es nur erkennen." Ob im Umgang mit Kindern, mit Kollegen und Mitarbeitern, mit alten Menschen und mit uns selbst: Wir sind es gewohnt, alles als Ressource anzusehen. Kein Wunder, dass Burnout die Krankheit unserer Zeit ist, dass wir uns vor Krisen nicht retten können. „Denn auch eine Gesellschaft kann kollektiv ihre Begeisterungsfähigkeit verlieren, dann dümpelt man in Routinen dahin, man funktioniert, aber man lebt nicht mehr."

Neue Schule	Alte Schule
Freies lernen, individuelle Neigungen	Vorgegebene Lernstrukturen, Lehrplan
Keine Pausenglocken	Pausenglocken, Gleichgültigkeit
Keine Fächer dafür vernetztes Lernen	Abgegrenzte Fächer und Spezialwissen
Keine Noten in der Grundschule	Prüfungsstress, Lernen für Prüfung
Ganztagsschule, Schule als Lebensort	Leben findet außerhalb der Schule statt
Freude, Kreativität,	Frust, Stress, Zwang
Individualität, Neugier	Konformität, Anpassung
Freiheit, Forschen	Abhängigkeit, Vorgaben
Selbsteinschätzung, Selbsterkenntnis	Labiles Selbstbewusstsein (Beurteilung)
Lernlandschaften	Frontalunterricht
Sich zeigen, Ehrlichkeit, Offenheit	Verstecken, Überwachen, Schummeln
Fachwissen, Sozialkompetenz, persönliche Entwicklung (auch nach dem Prinzip der *gleichberechtigten* Förderung der intellektuell-kognitiven (*Denken*), der künstlerisch-kreativen (*Fühlen*) und der handwerklich-praktischen (*Wollen*) Fähigkeiten)	Wissensvermittlung im Mittelpunkt

Abb. 5.3 Potenzial der *neuen* Schule

Immer mehr Menschen realisieren, dass sie bereits in der Schule ihre ungesunde Lebens- und Arbeitskultur gelernt haben und es an der Zeit ist, sich anders zu verhalten.

5.3 Emotionen & Gefühle

Mein Herz
- erfüllt von diesem Sommer –
findet keinen Platz für all das Wunder,

das uns hier umgibt.
Es kann nur überströmen
und sich verschenken

als sein eigentlicher Zweck.
Und auch das Halten
all der Einsamkeit,

des Schmerzes, der uns durchdringt
ist darin Freude und auch Glück.

(Barbara Klar)

Emotionen sind nicht geheilte Gefühle der Vergangenheit. Durch eine Fehlfunktion des Verstandes projizieren wir oft Emotionen auf gegenwärtige Personen, die allenfalls etwas unbewusst ausgelöst haben. Unser amphibisches altes Stammhirn ist 250 Mio. Jahre alt (=250.000.000 Jahre). Die Reaktion dieses Hirns ist das berühmte *Kampf- oder Flucht-Verhalten*. Dieser eingespielte Überlebensmechanis-

5.3 Emotionen & Gefühle

Emotionen erkennen	Gefühle erkennen
Du fühlst dich abgetrennt oder entfremdet, so als stände plötzlich eine Mauer zwischen euch.	Du fühlst dich mit dem Partner verbunden und nah.
Dein Augenkontakt wird schwierig, du vermeidest dem anderen in die Augen zu schauen; oder der andere erscheint dir weit weg zu.	Der Augenkontakt mit dem Partner ist leicht. („Augentest")
Du beschuldigst deinen Partner und machst ihm Vorwürfe.	Du anerkennst dich selber, wie du bist und zeigst dein innerstes Gefühl.
Du verwendest Worte wie „Nie machst du" und „Immer machst du".	Du verwendest Worte wie „Ich fühle…" und über sprichst über dich selber.
Du ziehst dich zurück und verschließt dich.	Du bist offen und verletzlich.

Abb. 5.4 Emotionen und echte Gefühle unterscheiden (Richardson)

mus muss heutzutage mit dem jungen intelligenten Großhirn, welches höchstens 100.000 Jahre alt ist, zusammenspielen. Unser Stammhirn ist 2500 x älter als unsere *Intelligenz*. Ein Prototyp, der gar nicht funktionieren kann! Es gilt daher klar zu unterscheiden, was der **Auslöser** einer Emotion ist und welches die **Ursache** des eigenen Gefühls ist. Meist liegt die Ursache weit zurück, allenfalls in der eigenen Kindheit. Es geht darum, die Ursache zu heilen und nicht den Auslöser zu bekämpfen. Dies ist leider aber das übliche Verhalten der meisten Menschen. Dies führt dann nur immer wieder zu neuen unbewussten Auslösern von Emotionen. Was hilft? Bewusst sein – BewusstSein.

▶ **Emotionen** orientieren sich aus der Vergangenheit. Sie haben nichts direkt mit der momentanen Situation zu tun. Wir projizieren früher Erlebtes in eine Person oder Situation. Sie sind eine klassische Fehlfunktion unseres Verstandes (Abb. 5.4).

▶ Echte **Gefühle** beziehen sich authentisch und stimmig auf die Gegenwart, auf die aktuelle Situation oder Person, auf das *Hier und Jetzt*.

Fühlen Sie sich nicht verstanden, ungerecht behandelt oder sind Sie beleidigt? Höchstwahrscheinlich sind sie dann *emotional* im Sinn einer unbewussten Verhaltensweise, welche der gegenwärtigen Situation nicht gerecht wird. Oft wiederholen sich solche Zustände. Die folgenden **5 Not-Punkte** haben schon vielen Menschen in Not geholfen:

1. **Körper wahrnehmen**, einzelne Körperteile spüren, Empfindungen zulassen
2. **Mit allen Sinnen** wahrnehmen; lauschen, schauen, hören und riechen.
3. Ich bin **nicht alleine**. Ich kann um Hilfe fragen.
4. Ich muss **nicht alles verstehen**. Es wird alles seinen Sinn haben.
5. Alles **wird zu Ende gehen**. Meine Emotionen sind nur vorübergehend.

Abb. 5.5 Emotionale 1. Hilfe

Die vier in Abb. 5.5 dargestellten Schritte können in solchen emotionalen, ungesunden Situationen im Sinn einer *Emotionalen 1. Hilfe* ebenfalls von Nutzen sein.

Erfahrungsbericht: Illusion, Empörung und Akzeptanz

S.E. führt aus: „Ich war jahrelang alleine. „Es geht mir dabei gut", habe ich mir gesagt. Da habe ich gelernt, die Einsamkeit zu nehmen. Mit Büchern und in Seminaren habe ich mich intensiv mit Selbsterkenntnis befasst. Doch ich habe mir meine gedankliche, illusorische Sphäre aufgebaut. Ich habe mich verschanzt, mich um wirkliche Erfahrungen gebracht und bin so unangenehmen Gefühlen ausgewichen. Erst durch Erkennen dieser Muster konnte ich mich wieder öffnen und einen Partner finden. Durch ein Gegenüber bin ich dann auf weitere alte und ungeheilte Emotionen gestoßen, die nur in einer Beziehung zu Tage treten. Ich hatte Minderwertigkeitsgefühle, fühlte mich nicht geliebt und hatte die Tendenz, sogar positiv formulierte Aussagen falsch zu verstehen, um mich dann unnötigerweise zurückzuziehen. Oft war ich dann empört und es hat mich exakte und total ehrliche Selbsterkenntnis gekostet, zur stimmigen Akzeptanz zu kommen. Ich kann absolut bestätigen, dass wirkliche Selbsterkenntnis erst in Beziehung stattfindet. Dieser Weg scheint manchmal besonders schwierig, doch es lohnt sich. Insgesamt bin ich Achtsamer geworden für mich, mein Umfeld und was ich darin mache. Die schmerzhaften Erfahrungen sind zwar unangenehm, doch nötig, um selber weiter zu kommen; seine eigene Geschichte zu integrieren. Es geht mir nun viel besser und ich bin lebendiger."

Fazit und Epilog 6

Unser System in der Wirtschaft, im Zusammenleben, in der Ausrichtung basiert auf fundamentalen Denkfehlern wie der Illusion des ewigen Wachstums, Konkurrenzverhalten und des Wertes von materiellen Gütern. Es ist wie wenn das ganze Rechnen und Kalkulieren auf einem falschen Axiom, einer falschen Grundannahme, aufgebaut ist. Doch des Kaisers Nacktheit darf nicht ausgesprochen werden. Dadurch wird die Rechnung aber nicht richtiger, ja sie kann gar nicht richtig sein. Angst und Gier regiert die Welt. Wollen tut dies doch von Herzen niemand, richtig? Auch Konkurrenz und Kampf ist wohl nicht unsere ursprüngliche Natur, zumindest kenne ich niemanden, der oder die so denkt. Wir müssen einen Schritt zurück; das heißt jeder für sich muss zu dieser (Selbst-)Erkenntnis kommen, anders geht es nicht. Überzeugt werden kann niemand, doch Einsicht oder Leiden funktionieren immer. Es ist ihre persönliche Wahl.

Achtsame Selbsterkenntnis führt zu bewusstem, authentischem und stimmigen Handeln. Dies führt auf der persönlichen Ebene zu Work-Life-Balance und global gesehen zu World-Life-Balance sowie in den Unternehmungen zu Achtsamer Unternehmensführung, umgesetzt mit Achtsamem Prozessmanagement.

Die Dimensionen einer persönlichen Work-Life-Balance umfassen die Lebensvision, die Gesundheit, das soziale Umfeld sowie den Leistungsbereich, der sich bei vielen in der täglichen Arbeit manifestiert. Um echte Balance zu erreichen sind Tabus, unbewusste ungesunde Verhaltensweisen (Konditionierungen) und Hürden zur persönlichen Glücksfähigkeit anzuschauen und gegebenenfalls zu ändern. Genau da liegt der Hase im Pfeffer begraben. Wer möchte schon freiwillig seine dunkle Kellertür aufmachen? „Es wird schon irgendwie weitergehen." Ich bin überzeugt, wir kommen um diesen essentiellen Schritt nicht herum. Auch Gefühle und Emotionen werden zum Vorschein kommen, denn das systematische Unterdrücken dieser führt nur zu Kompensationen. Diese wiederum finden wir in unserer verbreitet oberflächlichen Kultur, im seichten Vergnügen und den entsprechenden

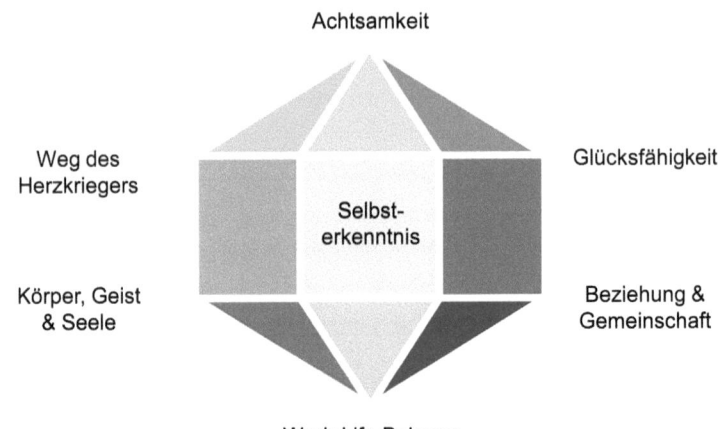

Abb. 6.1 Selbsterkenntnis-Diamant

wachsenden Industrien dahinter. Trotzdem: Bewusstes Genießen gehört auch zur Selbsterkenntnis, zur Achtsamkeit und zum Glück.

Der Weg ist das Ziel und der Selbsterkenntnis-Diamant in der Abb. 6.1 beginnt immer mehr zu glänzen.

Anders als bisher; wenn nicht wir – wer denn?
Wie sähe eine Welt mit Kooperation und Gemeinwohl als Grundwerte aus? Können Sie sich das vorstellen? Was, wenn dies möglich wäre?

Jeder von uns bewacht ein Tor zur Veränderung, das nur von innen her geöffnet werden kann. Wir können das Tor eines anderen nicht öffnen, weder mittels Argumenten noch durch ein Appellieren an Gefühle. Von Herzen wünsche ich Ihnen viel Mut, klare Einsichten und ein authentisches, bewusstes und stimmiges Handeln. Es ist die unabrückbare und deutliche Absicht, die Wirklichkeit schafft. Nun liegt es an Ihnen.

Was die Raupe *Ende der Welt* nennt, nennt der Rest der Welt *Schmetterling*. Lao-Tse

▶ **Management Summary – Achtsame Selbsterkenntnis** Immer mehr Menschen verbringen die besten Jahre ihres Lebens mit einem Job, den sie nicht mögen, um immer mehr Dinge zu kaufen, die sie nicht brauchen, um einen Lebensstil zu führen, den sie nicht genießen.

6 Fazit und Epilog

Achtsame Selbsterkenntnis führt zu bewusstem, authentischem und stimmigen Handeln. Dies führt auf der persönlichen Ebene zu Work-Life-Balance und global gesehen zu World-Life-Balance sowie in den Unternehmungen zu Achtsamer Unternehmensführung, umgesetzt mit Achtsamem Prozessmanagement.

Work-Life-Balance umfasst dabei die Lebensvision, die Gesundheit, das soziale Umfeld und den Leistungs- resp. Geschäftsbereich. Alle diese Dimensionen müssen in Balance sein. Die erschütternden Fakten für Unternehmungen, die Menschen darin und die Welt insgesamt sprechen aber eine klare andere Sprache: So wie bis bisher geht es nicht weiter.

Achtsame Selbsterkenntnis hat das Potential unsere Welt, unser persönliches Umfeld und auch im besten Fall unsere Arbeitswelt, aber in jedem Fall unser Leben würdevoller zu gestalten.

Dieses Streben nach Glücksfähigkeit ist gleichzeitig die beste Burnout-Prävention.

Was Sie aus diesem Essential mitnehmen können

- Verschafft solides Verständnis, was Achtsamkeit ist und wie sie mit Selbsterkenntnis kombiniert werden kann.
- Zeigt einen prägnanten Einblick in Lebensvision, Gesundheit und Soziales Umfeld.
- Deckt hindernde und ungesunde Konditionierungen (Verhaltensweisen) auf.
- Demonstriert, wie Work-Life-Balance und Burnout-Prävention auf Selbsterkenntnis basieren.
- Tipps für emotionale Situationen und zur Umsetzung von Achtsamer Selbsterkenntnis.

Literatur

Beaulieu J, Ledermann A, Schnetzer R (2009) Polarity – Das große Grundlagen- und Arbeitsbuch. AT, Aarau

Binswanger M (2012) Sinnlose Wettbewerbe – Warum wir immer mehr Unsinn produzieren. Herder, Freiburg i.Br

Buchhorn E, Kröher ORM, Werle K (2012) Burnout – Stilles Drama – Deutschlands erstes Burnout-Ranking. Manager Mag 6(12):104 – 112

Eisenstein C (2012a) Die Renaissance der Menschheit – Über die große Krise unserer Zivilisation und die Geburt eines neuen Zeitalters. Scorpio, München

Eisenstein C (2012b) Keine Forderung kann groß genug sein. Scorpio, München

Eisenstein C (2013) Ökonomie der Verbundenheit – Wie das Geld die Welt an den Abgrund führte – und dennoch jetzt retten kann. Scorpio, München

Felber C (2012) Gemeinwohl-Ökonomie – Eine demokratische Alternative wächst. Zsonay, Wien

Freudenberger H, Richelson G (1981) Ausgebrannt – Die Krise der Erfolgreichen – Gefahren erkennen und vermeiden. Kindler, Reinbeck

Frey BS, Frey Marti C (2010) Glück – Die Sicht der Ökonomie. Rüegger, Zürich

Gamper K (2007) Es ist alles gesagt – Wie schön Wirtschaft sein kann – 22 Unternehmer/innen setzen Zeichen. Edition.Gamper.com

Gamper K (2009) Erfolg ist menschlich – Geschichten, die die Wirtschaft schreibt. Strahlende Beispiele. Kamphausen, Bielefeld

Gappmaier M et al (1998) Geschäftsprozessmanagement mit menschlichem Antlitz. Universitätsverlag Rudolf Trauner, Linz

Gatto JT (2009) Verdummt noch mal! Genius, Bremen

Gilding P (2012) Die Klimakrise wird alles ändern – Und zwar zum Besseren. Herder, Freiburg i. Br.

Gittins R (2011) The happy economist. Allen & Un win Inc

Goleman D et al (2003) Emotionale Führung. Ullstein, Berlin

Gore A (2006) Eine unbequeme Wahrheit. Riemann, Bünde

Hammer M, Champy J (1994) Business Reengineering – Die Radikalkur für das Unternehmen. Campus, Frankfurt a. M.

Hessel S (2012) Empört euch, 19. Aufl. Ullstein, München

Hüther G (2013) Was wir sind und was wir sein könnten. Fischer Taschenbücher, Frankfurt a. M.

Kabat-Zinn J (2013) Achtsamkeit für Anfänger. Arbor, Freiburg

Kennedy M (2011) Occupy Money – Damit wir ALLE zukünftig die Gewinner sind. Kamphausen Verlag, Bielefeld

Krishnamurti J (2012) Das Wesentliche ist einfach – Antworten auf die Fragen des Lebens. Herder, Freiburg i.Br

Küstenmacher WT, Seiwert LJ (2008) Simplify your life – Einfacher und glücklicher Leben. Droemer, München

Osho (2004) BewusstSein – Beobachte ohne zu urteilen. Ullstein, München

Precht RD (2013) Wer bin ich – und wenn ja wie viele? Goldmann, München

Radermacher FJ, Beyers B (2011) Welt mit Zukunft – Die ökosoziale Perspektive. Murmann, Hamburg

Richardson D (2013) Zeit für Liebe. Innenwelt Verlag GmbH, Köln

Romhardt K (2009) Wir sind die Wirtschaft: Achtsam leben – Sinnvoll handeln. Kamphausen, Bielefeld

Rosenberg MB (2001) Gewaltfreie Kommunikation. Junfermann, Paderborn

Schenker R (2013) Richtig fasten gesund essen – Nahrung für den ganzen Menschen. AT, Aarau

Schnetzer R (1997) Business Process Reengineering (BPR) und Workflow-Management-Systeme (WFMS) – Theorie und Praxis in der Schweiz. Shaker, Aachen

Schnetzer R (1999a) Business Process Reengineering – kompakt und verständlich. Vieweg, Wiesbaden

Schnetzer R (1999b) Workflow-Management – kompakt und verständlich. Vieweg, Wiesbaden

Schnetzer R (2001) Business Excellence – effizient und verständlich. Vieweg, Wiesbaden

Schnetzer R (2012) Achtsames Prozessmanagement – Anders als bisher; wenn nicht jetzt – wann dann? Hörbuch, Zürich

Schnetzer R (2013) Achtsame Unternehmensführung – Anders als bisher; wenn nicht jetzt – wann dann? Hörbuch, Zürich

Schnetzer R (2014a) Achtsames Prozessmanagement – Work-Life-Balance und Burnout-Prävention für Unternehmen und Mitarbeitende. Springer, Berlin

Schnetzer R (2014b) Achtsame Unternehmensführung – Essential. Springer, Berlin

Scott Peck M (2007) Gemeinschaftsbildung – Der Weg zur authentischer Gemeinschaft. Eurotopia, Beetzendorf

Seiwert LJ (2004) Kursbuch Lebens-Zeit – Wie Sie den Fahrplan für Ihre Lebens-Balance bestimmen. Seiwert-Institut, Heidelberg

Seiwert LJ (2009) Noch mehr Zeit für das Wesentliche. Goldmann, München

Seiwert LJ (2011) Ausgetickt – Lieber selbstbestimmt als fremdgesteuert – Abschied vom Zeitmanagement. Ariston, München

Thich NH (2013) Goldene Regeln der Achtsamkeit. Herder, Freiburg i.Br

Tolle E (2012) Jetzt – die Kraft der Gegenwart. Kamphausen, Bielefeld

von Münchhausen M (2004) Die vier Säulen der Lebensbalance – Ein Konzept zur Meisterung des beruflichen und privaten Alltags. Ullstein, München

Ware B (2013) 5 Dinge, die Sterbende am meisten bereuen – Einsichten, die ihr Leben verändern werden. Arkana, Heidelberg

Widmer S (1998) Du bist Schönheit – Krishnamurti angewandt im Alltag. Basic Edition, Gerolfingen

Widmer S (2010) Die Kriegertexte. Basic Edition, Gerolfingen
Ziegler J (2011) Der Aufstand des Gewissens – Die nicht-gehaltene Festspielrede 2011. Eco-Win, Wien
Ziegler J (2012) Wir lassen sie verhungern. Bertelsmann, Bielefeld

Filmverzeichnis

Arntz W, Vicente M, Chasse B (2004) What the Bleep do we (k)now
Arthus-Bertrand Y (2010) Die Erde von oben
Arthus-Bertrand Y (2012) Home
Boote W (2010) Plastic Planet
Chaplin C (1936) Moderne Zeiten
Dannoritzer C (2013) Kaufen für die Müllhalde
Fechner CA (2011) Die 4. Revolution
Gamble F (2010) Gedeihen
Geyrhalter N (2006) Unser tägliches Brot
Goder S (2010) Der Film deines Lebens
Jackson M (2010) Dienstags bei Morrie
Losmann C (2011) Work hard – play hard
Norberg-Hodge H (2011) Die Ökonomie des Glücks
Salva V (2006) Peaceful Warrior – Der Pfad des friedvollen Kriegers
Shadyac T (1998) Patch Adams
Transition (2010) In Transition
Turteltaub J (2001) The Kid – Image ist alles
Wagenhofer E (2005) We feed the world

If you have any concerns about our products,
you can contact us on
ProductSafety@springernature.com

In case Publisher is established outside the EU,
the EU authorized representative is:
**Springer Nature Customer Service Center GmbH
Europaplatz 3, 69115 Heidelberg, Germany**

Printed by Libri Plureos GmbH
in Hamburg, Germany